說文解字部首誦讀與考釋

吴曉明 翟雯玲 吴弗居 著

本書由臨海中斗宫倉頡書院（籌）資助

浙江大學出版社・杭州
ZHEJIANG UNIVERSITY PRESS

《説文解字》典籍文化與誦讀傳播情況可參閱以下二維碼

馬琳：
《説文解字部首五百四十》
領誦全集

馬琳：
《説文解字部首五百四十》
獨誦全集

央視頻：
《典籍裡的中國——説文解字》
紀録片

嗶哩嗶哩：
《典籍裡的中國——説文解字》
紀録片

吴曉明　又名若谷，一九七三年出生於浙江臨海，祖籍浙江紹興。一九九六年本科畢業於杭州大學歷史系文物與博物館學專業。二〇〇一年碩士畢業於復旦大學文博系，導師為蔡達峰教授。二〇〇四年博士畢業於中央美術學院美術史論系，導師為薛永年教授。二〇〇六年至二〇〇七年任浙江美術館（籌）副館長，二〇一一年至二〇一二年參與《中國歷代繪畫大系》的編纂與研究工作，二〇一三年至二〇一四年為韓國首爾大學奎章閣韓國研究所訪問學者。二〇〇四年至今任教於浙江大學藝術與考古學院。主要從事中國書畫史的教學、研究及書法創作，致力於先秦書法史、古文字書法和馬一浮書學的研究。主要成果有：

二〇一二年，著作《卷軸書法形制源流考述》（上海社會科學院出版社）；

二〇一三年，編著《民國畫論精選》（西泠印社出版社）；

二〇一四年，「書通神明——吴曉明書法邀請展」（韓國東方大學美術館）；

二〇一四年至二〇一六年，主持國家社科基金中華學術外譯項目（《卷軸書法形制源流考述》韓文版）；

二〇一五年，「書通神明——吴曉明書法展」（浙江大學西溪美術館）；

二〇一七年，訂補《馬一浮書論類編》（浙江大學出版社）；

二〇一八年，編著《孤神獨逸——丁敬涵捐贈馬一浮先生書法集》（浙江大學出版社）；

二〇二〇年，點校馬一浮先生著作《泰和宜山會語》（浙江大學出版社）；

二〇二三年，編著《浙江大學藝術與考古學院美術系教師作品集——吴曉明》（浙江大學出版社）；

二〇二三年，共同策劃「六藝一心——馬一浮學術思想及其世界意義」特展；

二〇二三年，《百年巨匠——馬一浮》紀録片特邀專家（中央電視臺）。

翟愛玲　一九七四年出生於山西長治，一九九五年以全省文化課第一名的成績考取山西大學美術學院視覺傳達專業，二〇〇五年畢業於中央美術學院視覺傳達專業，獲碩士學位，導師為許平教授。二〇〇五年至今從教於浙江科技大學藝術學院，副教授，碩士研究生導師，主要從事傳統文化的當代設計傳承與創新的教學和科研工作。主要成果有：

二〇〇九年，「中國區域性氣候研究中心」新聞發布會設計（世界自然基金會）；

二〇〇九年，「全球長江生態攝影展」設計（世界自然基金會）；

二〇一四年，「書通神明——吴曉明書法邀請展」設計（韓國東方大學美術館）；

二〇一四年，《書通神明——吴曉明書法集》書籍設計，中國文化藝術出版社；

二〇一五年，「書通神明——吴曉明書法展」設計（浙江大學西溪美術館）；

二〇一八年，《孤神獨逸——丁敬涵捐贈馬一浮先生書法作品集》書籍設計（浙江大學出版社）；

二〇二〇年，《泰和宜山會語》書籍設計（浙江大學出版社）；

二〇二一年，著作《策府縹緗——〈四庫全書〉設計系統之研究》（浙江大學出版社）；

二〇二一年，論文《文質彬彬——中國書籍設計的審美傳承》（《美術觀察》）；

二〇二一年，論文《〈四庫全書〉封面色彩設計考論》（《美術觀察》）；

二〇二四年，《翟愛玲書籍裝幀設計作品》（《浙江科技大學學報》）；

二〇二四年，《策府縹緗——〈四庫全書〉設計系統之研究》書籍設計獲第九屆「包豪斯獎」國際設計大賽銀獎（包豪斯國際設計協會）。

吴弗居　二〇〇七年出生於杭州，現就讀於武漢英中高級中學，幼承庭訓，曾背誦《大學》《中庸》《論語》《孟子》《易經》《老子》《心經》《三百千》等。目前正在嘗試用數理邏輯、自動機理論、範疇論等構造一種具有自主發展功能的系統。

主要學習內容有：

二〇一八年，獲杭州市西湖區中小學生藝術節篆刻比賽二等獎；

二〇二三年，學習了陳煒湛的《古文字趣談》、許進雄的《文字小講》；

二〇二四年，參加浙江大學藝術與考古博物館「亚洲文明」微策展工作坊；

二〇二四年，參與《説文部首誦讀與考釋》的校對，並背誦「説文解字五百四十部首」；

二〇二四年，發表論文 *The Decomposition of Pentagonal Numbers*(Transactions on Computational and Applied Mathematics, Clausius Scientific Press, Canada)；

二〇二四年，參加西湖大學國際大學生數學暑期學校，學習了來自全球數學學科的十一位教授主講的代數、拓撲、幾何、數論、概率論、動力系統、微分方程、計算數學等專題課程。

臨海市倉頡書院（籌）遠景圖（心源　攝）

臨海市倉頡書院（籌）遠景圖（心源　攝）

臨海市倉頡書院（籌）大篆四目六書十六言聯抱對

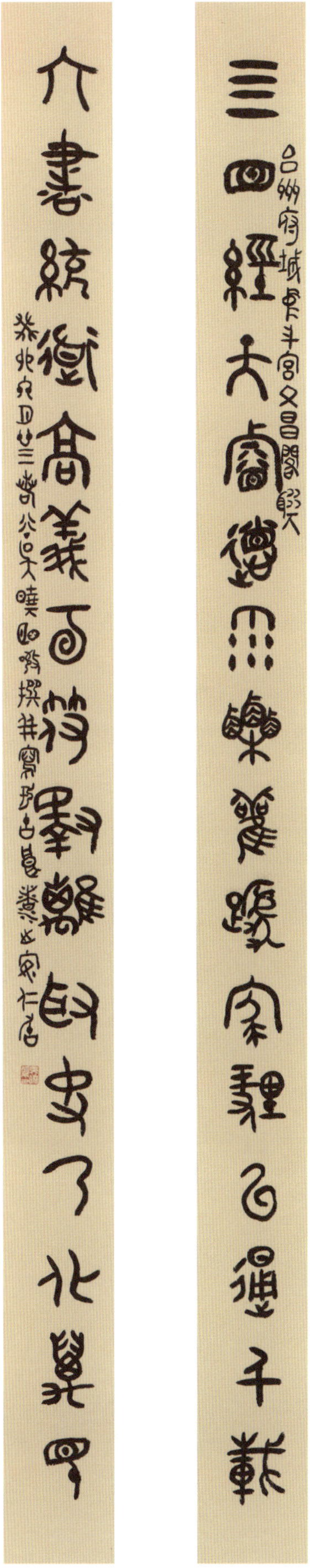

大篆四目六書十六言聯抱對

释文　四目經天，睿德雨粟，觀蹏察理，以通千載，

六書統道，高義雲符，擇離取夬，乃化萬民。

上款　台州府城中斗宮文昌閣聯

下款　癸卯冬月廿三若谷吴曉明敬撰並寫於

古良渚之安仁居

鈐印　吴曉明印

臨海市倉頡書院（籌）（心源　攝）

大篆字聖文宗匾額及墨跡

釋文　字聖文宗

款　癸卯冬月廿一若谷吴曉明敬寫

鈐印　吴曉明印

臨海市中斗宮倉頡神像（心源　攝）

吴曉明中斗宫講座

中國國家圖書館《説文解字》書法創作現場

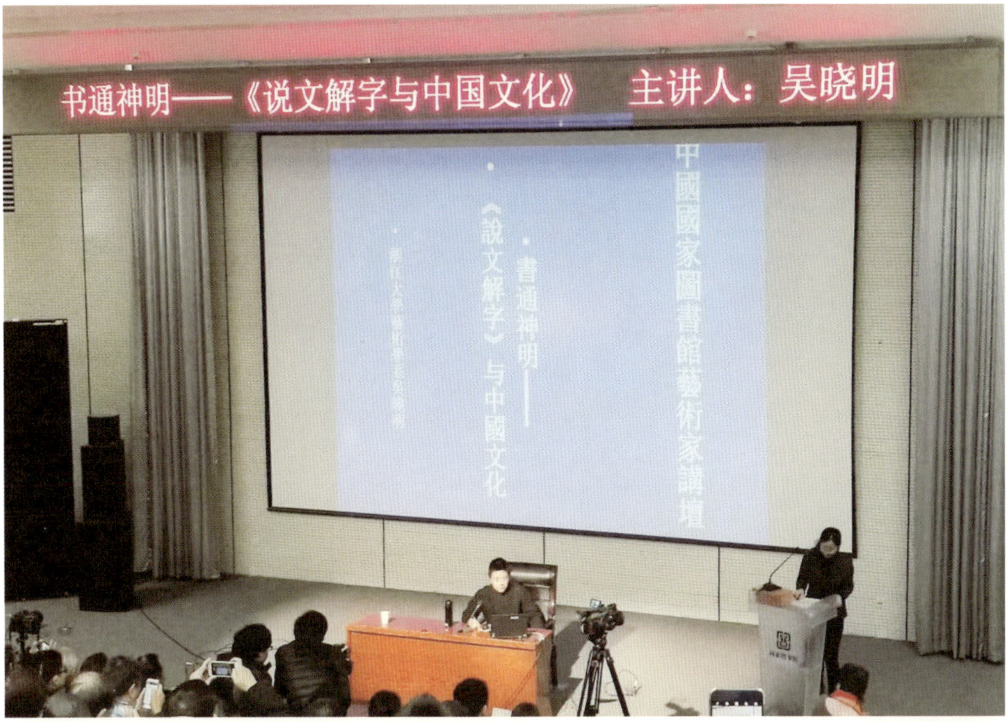

中國國家圖書館《說文解字》講座現場

《説文解字》部首誦讀教學實録

《説文解字》部首誦讀教學實録

《説文解字》部首誦讀教學實録

《説文解字》部首誦讀教學實録

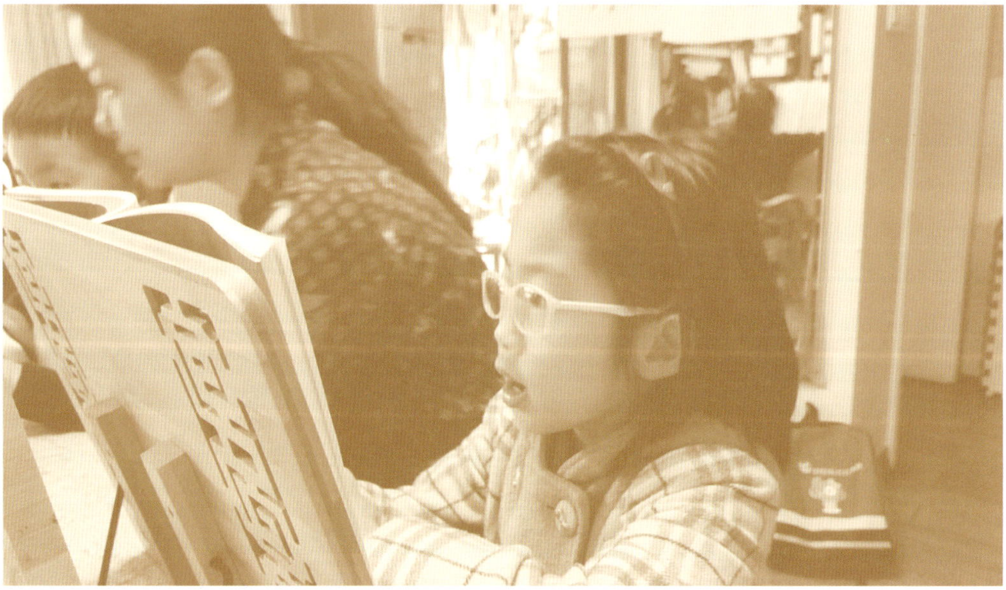

《説文解字》部首誦讀教學實録

《説文解字》部首誦讀教學實録

張仃（1917—2010），號它山，遼寧黑山人，中國當代著名書畫家、美術教育家，曾擔任中央工藝美術學院教授、院長，在美術創作和美術教育領域有歷史性的貢獻，是20世紀中國美術的代表人物。

張仃：《如此方為嶽圖》條幅，紙本墨筆，
138cm × 68cm，1990 年作　　張仃美術館藏

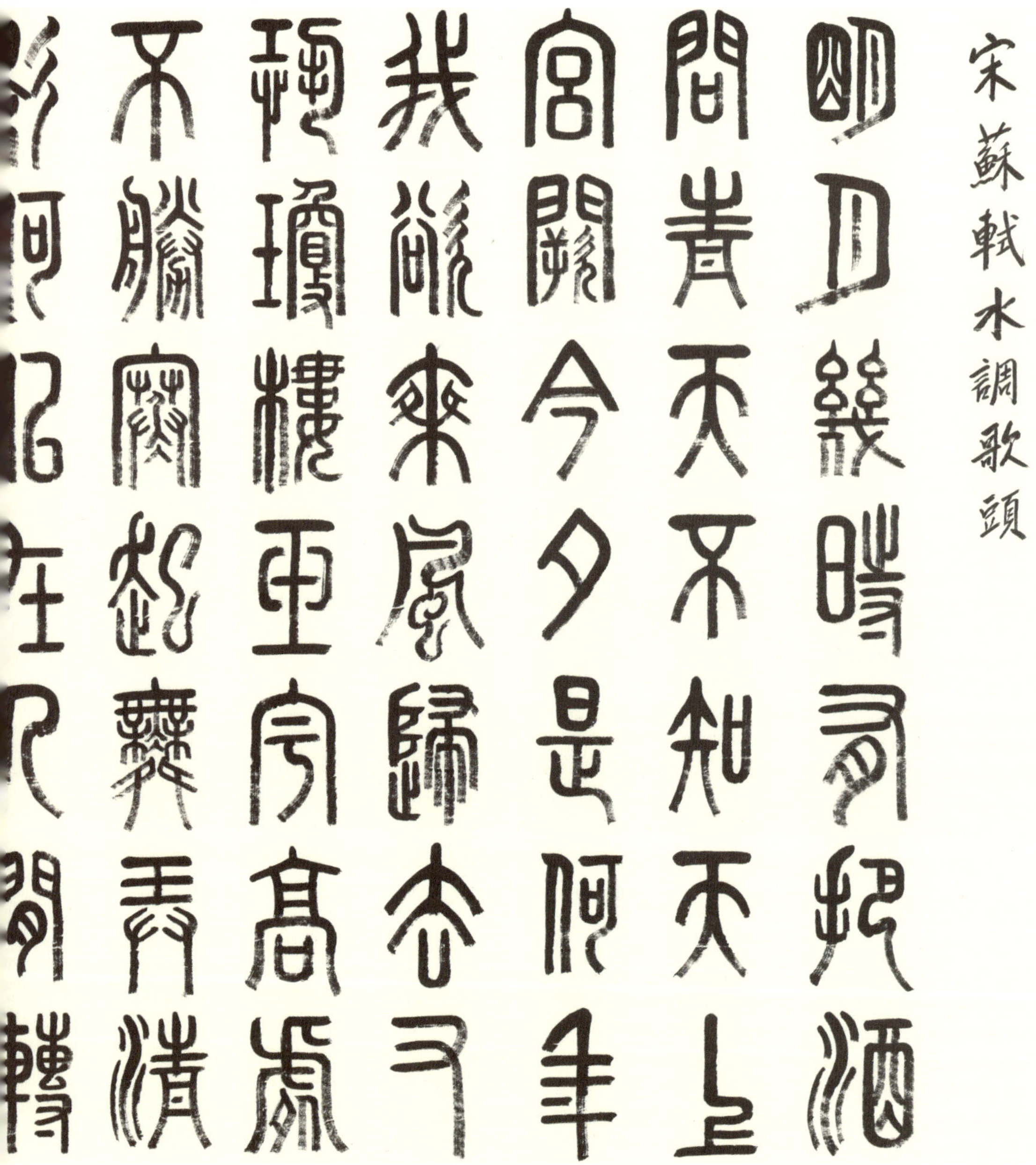
宋蘇軾水調歌頭
明月幾時有把酒
問青天不知天上
宮闕今夕是何年
我欲乘風歸去又
恐瓊樓玉宇高處
不勝寒起舞弄清
何似在人間轉

張仃：《篆書蘇軾〈水調歌頭〉詞》橫幅，紙本墨筆，139cm × 276cm，2008 年作　　張仃美術館藏

朱閣低綺戶照無
眠不應有恨何事
長向別時圓人有
悲歡離合月有陰
晴圓缺此事古難
全但願人長久千
里共嬋娟

戊子立冬後

遼西九三叟定山張行于京華

張仃：《昆侖頌圖》橫幅，紙本墨筆，107cm × 265cm，1987 年作，張仃美術館藏

昆仑颂
登昆仑兮食玉英
与天地兮同寿
与日月兮同光
摘自楚词
丁卯年初冬

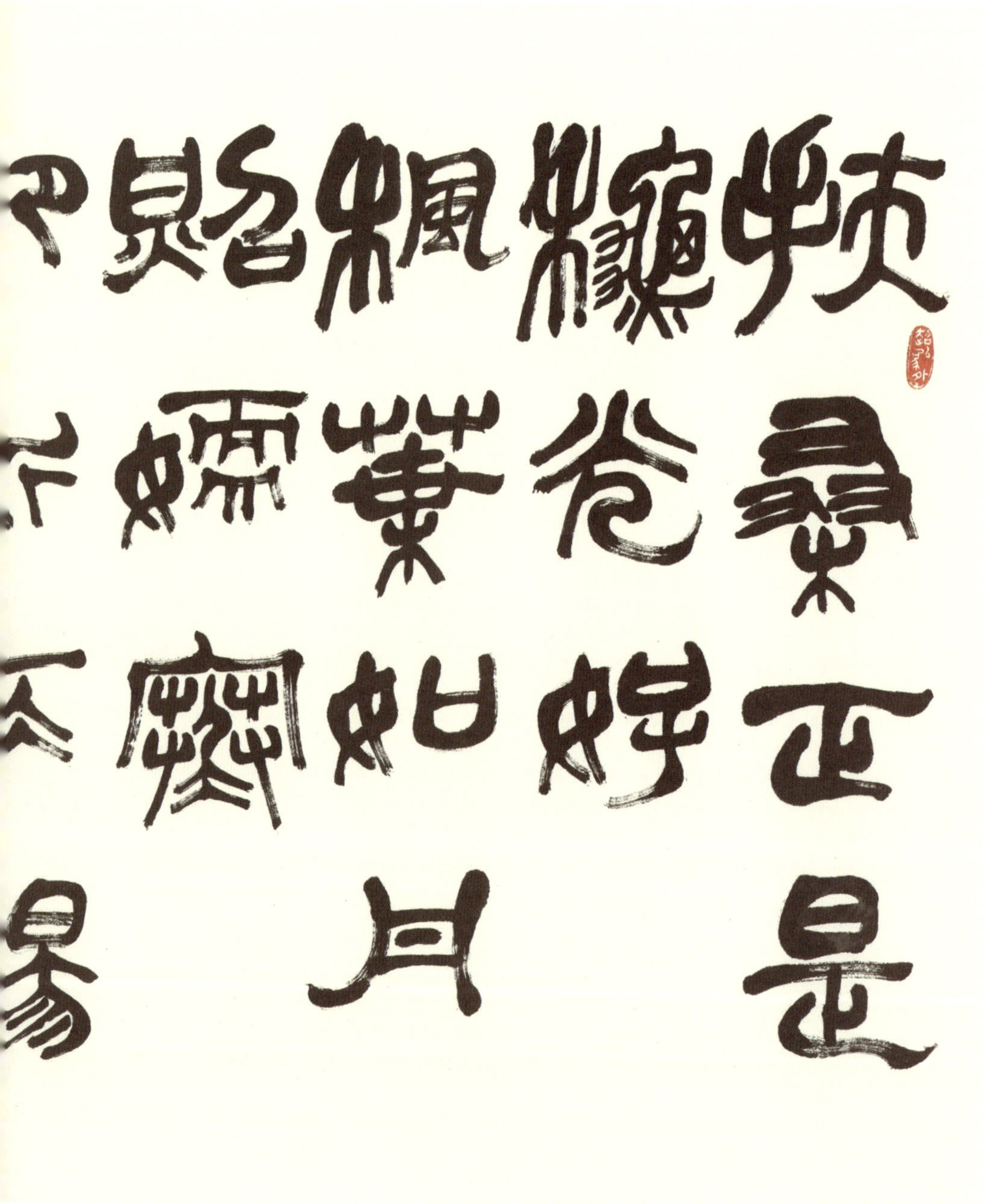

張仃：《篆書魯迅送日本作家增田涉君歸國詩》橫幅，
紙本墨筆，83.3cm×150cm，1987 年作　　張仃美術館藏

送歸客心隨東棹憶華年

魯迅先生送日本作家增田涉君歸國詩

丁卯年秋尽 遼西陳灯書

張仃：《峨眉圖》條幅，紙本墨筆，138cm × 68cm，1989 年作，張仃美術館藏

張仃：《泰山圖》條幅，紙本設色，74.6cm × 59.8cm，1982 年作，張仃美術館藏

序

曹錦炎

中華文明，生生不息，是世界上唯一的歷史悠久、至今仍具有鮮活生命力的古老文明。漢字則是中華文明的基因，傳承和發揮着無可替代的作用。以漢字為載體及其背後的文化史，也是中國書法藝術存在的核心。認識漢字，當首推中國第一部字典——東漢許慎編撰的《説文解字》，其以540個部首統領9353個漢字，説解每個字的形、音、義，是漢語言文字學極其重要的工具書，也是幫助我們瞭解漢字由古文字向今文字演變的橋樑。作為書法愛好者，《説文解字》是認識和書寫小篆（即漢代篆書）的重要參考工具書，而其部首歸納出的漢字組成偏旁，更是習篆者識篆的快捷方式，因此頗受書家青睞，如著名的書法篆刻家王福庵先生，曾以臨寫、出版《説文解字部首》的形式，嘉惠書法愛好者。

在當今國家教育部將書法學與美術學並列為藝術學一級學科的背景下，各地高校書法專業如雨後春筍般紛紛涌現，書法教育中文字學基礎及漢字知識的普及工作也隨之提上議事日程。浙江大學藝術與考古學院，一直開設有書法理論和書法實踐課程。曉明學棣畢業於中央美術學院，師從著名的藝術史專家薛永年教授，獲博士學位。其學有專攻，長期供職於學院藝術專業，協助相關教師，在書法教育中發揮很好的作用，培養了一屆又一屆的優秀書法人才。近日他示我以《説文解字部首誦讀本》書稿，雖謙稱是以誦讀為中心主旨，是專門為兒童撰寫的書法方向啟蒙性讀物。但瀏覽書稿內容，除對《説文解字》五百四十個部首精準臨摹小篆字形、旁添拼音字母以方便誦讀，彰顯蒙學課本特色外，更附有《説文解字與中國文化》、《説文解字敘注》、《漢字演化述略》、《説文部首異形考》等文章，既是曉明學棣學習和研究《説文解字》的心得，也可視作他在書法本科教學中的授課教材之精萃。雖然全書篇幅不多，但可以説此書不僅適合兒童誦讀，也可以用作向中等文化程度的書法愛好者及大學本科專業學生普及以《説文解字》為主的漢字基礎讀本，不失為一本優質教材。

需要指出的是，本書的文字編排頗具特色和個性，既有曉明學棣的手書各體文稿，也有電腦技術排印的正楷文字。前者為書法家手跡，也可作為書法專業學生的習書範本；後者則是考慮一般讀者，方便閱讀，兩者可謂相得益彰。曉明學棣希望我為本書撰序，我認為，《説文解字》的高深研究需要有人深入去做，而《説文解字》的普及工作更需要有人去做，曉明學棣已作了很好的表率。作為曉明新書的首位讀者，我樂於以短短數語，向讀者們推薦。相信隨着本書的出版，必將對普及《説文解字》起到很好的作用。

二〇二四年季秋於西子湖畔中國美術學院南山校區

自序：《説文解字》與中國文化

中國文化在當代所面臨的問題

漢字在中國文化的演化中具有非常特殊的地位，可以毫不夸張地説，「中國」或「華夏」共同體的形成，漢字起到關鍵的作用，而漢字在近代以來的傳承則與中國文化的命運息息相關。

在近兩百年中西文化的交匯過程中，中國文化信仰在各個層面被不斷消解，信仰是文化的核心，因此中國文化復興所面臨的首要問題是信仰的重建。近二十多年傳統文化的恢復歷程中，官方和民間都作出了巨大努力，因此對恢復傳統文化的必要性已經有了共識，而對如何恢復傳統文化則見仁見智，遠未取得共識。從歷史經驗觀察可知，傳統文化的恢復無非兩大途徑：一為重建經典之學，可稱為大傳統的恢復。二為復興非物質文化遺產，可稱為小傳統的恢復。本文着重關注經典之學亦即大傳統的恢復問題。

經典之學通過經典教育得以傳承，近二十年來，從官方到民間，從學校到圖書館，從博物館到文化館，都在進行經典教育理論和實踐的探索。

關於經典教育的理論基礎，清代著名學者戴震在《戴東原集·與是仲明論學書》曰：「經之至者道也，所以明道者詞也。所以成詞者字也。由字以通其詞，由詞以通其道。」由此可知字、詞、經、道四者的關係，經典承載着道，而經典又是通過文字記載的，因此對於文字本源的追溯與傳承成為傳道的基礎。馬一浮先生一九三八年在浙江大學的講學中曾提出中國思想史中著名的「六藝論」，此論包括四個觀點：（一）「國學者六藝之學也」，六藝即六經，《詩》《書》《禮》《樂》《易》《春秋》。樂經久佚，存五經，亦即孔子整理後傳之後世的經典系列，是國學的核心和中國文化的精粹所在。（二）「六藝該攝一切學術」，即該攝中國古代一切知識體系。（三）「六藝統攝於一心」，即六藝之道攝歸於一心之德，經典教育以改變心性為宗旨，而只有心性的改變才能達到文化信仰建立的目的。（四）「西來學術亦統於六藝」，即中國文化的「六藝」思想可以會通世界各種文化，並不局限於中國一地，不是狹隘的民粹主義。可見，馬一浮先生的「六藝論」强調經典之學是中國學術和文化的核心。

中國文化的核心蘊含在經典之中，經典教育是中國文化傳承的主要方式，經典教育亦即讀經自孔子以來已有近二千五百年的歷史，而漢字書寫與經典教育相互依存，既是經典的載體，亦是通達文化的途徑，形成了中國文化傳承中的書寫和讀經兩大傳統，並成為中華文明提供給世界的瑰寶。正是這兩大傳統，保證了中國文化綿延至今。而近代以來兩大傳統的式微與經典教育的式微相表裏，其中的代表性事件有（一）一九〇五年廢除科舉、（二）一九一二年廢除讀經、（三）一九一九年廢除文言文、（四）一九二八年廢除學校祭孔。由此，經典教育在現代教育中被逐漸淡化。

基於這樣的認識，可以認為恢復傳統文化的重要途徑是重建書寫與讀經兩大傳統，而重建這兩大傳統的重要方式之一是恢復《説文解字》及文字學在中國文化傳承和教育中的核心地位，由此我們需要重新認識《説文解字》及其在中國文化中的地位。

《説文解字》的作者和版本

許慎（約五八年—約一四七年），字叔重，東漢汝南召陵（今河南郾城）人。由郡功曹舉孝廉，再遷，除洨長，入為太尉南閣祭酒。他的人生經歷並不複雜，成就主要在文化上。許慎嘗從賈逵受古文經學，而賈逵是當時學術界的中心人物，由此許慎得以進入東漢學術領域的中心，加上他博學多識，時人為之語曰「五經無雙許叔重」。為正秦漢以來書體錯亂和今文經學派臆解經義之謬，積二十年之力撰寫了《説文解字》，成為我國古文字學的開山之作，為古文經學作出巨大貢獻。所著除《説文解字》外，還有《五經異義》《孝經古文説》《淮南子注》等書，今皆散佚。

東漢建光元年（一二一年）九月，《説文解字》最後定稿，許慎遣子許沖獻書於朝廷，從此《説文解字》開始行世。

北宋之前，《説文解字》以抄本形式流傳，目前所見最早抄本實物為日本所藏木部、口部殘葉，其中木部殘卷存一百八十八個篆字，原為清安徽黟縣縣令張法仁所藏。同治二年轉贈清著名學者莫友芝，莫氏隨即撰成《唐寫本木部箋異》並刊布於世。木部殘卷為中唐人所書，硬黄紙，口部殘簡存十二個篆字，為唐時日本人所摹。

宋太宗雍熙三年（九八六年）徐鍇兄長徐鉉等奉敕校訂《説文》，徐鉉在原本《説文解字》基礎上添入標目，附加反切，於各部下增入新附字，世稱大徐本，書成奏上，付國子監刊板，由此《説文解字》始有刻本，今傳的南宋刻本，即祖出北宋國子監刻本。目前所見宋刻遞修本有（一）汪中藏宋小字本。實為宋刻元修本，現藏中國國家圖書館，有國家圖書館出版社影印本。（二）青浦王昶所藏宋小字本。後流入日本，現歸日本静嘉堂。民國間上海涵芬樓曾借出影印，編入《續古逸叢書》和《四部叢刊》，毛晉所刻即據此本。（三）麻沙宋本，原為葉德輝之侄葉啟勳所藏本，現藏湖南省圖書館，有中華書局影印本。

清代有三種重要的依宋本刊刻本。（一）嘉慶十四年（一八〇九年）孫星衍重刊宋本，孫本既保留了宋本原樣，又訛誤較少，世稱精善，是清代影響最大的宋本重刊本，此本是陳昌治一篆一行本的底本。（二）嘉慶十二年（一八〇七年）額布勒刊鮑惜分所藏宋本，又稱藤花榭本。（三）光緒三年（一八八一年）丁少山校刊汲古閣舊藏宋監本。

另明代毛晉汲古閣《說文解字》本在清代流傳最廣，乾嘉學者多據此本研究。而同治十二年（一八七三年）番禺陳昌治據孫星衍本改刻為一篆一行本，以許書原文為大字，徐鉉校註者為雙行小字，每部後之新附字則低一格，予人眉目清晰、開卷瞭然之感。此本刊刻後因便於使用逐漸流行，中華書局一九六三年、二〇一三年、二〇一五年各版《說文解字》，均以陳昌治本為底本印行，是目前《說文解字》的通行本。

《說文解字》的學術貢獻

《說文解字》共有十五卷，收字九千三百五十三個，重文一千一百六十三個，均按五百四十個部首排列，部首「始一而終亥」，「其建首也，立一為耑，方以類聚，物以羣分，同條牽屬，共理相貫。雜而不越，據形係聯，引而申之，以究萬原」。每字解釋以形為首，小篆為字頭，解釋中收入古文和籀文，音義為輔。

《說文解字》開創了中國文字按首部分類之先河，這是其影響深遠的學術貢獻之一。因此後人學習《說文解字》均從其五百四十部首入手。《說文解字》部首的書法形態開始於北宋僧夢英的《篆書目録偏旁字源碑》，首次將《說文解字》部首刊石，清代說文學大盛，出現了如楊沂孫、胡澍、吳大澂、王福厂等所寫的《說文解字》部首著名墨跡本，在文字學和書法領域均有廣泛的影響。而關於《説文解字》部首的研究著述則多冠以「字原」研究的名目，有唐代李騰的《説文字原》、林罕的《説文字原小説》、清代蔣和的《説文字原集註》《説文字原表》《表説》、王筠的《説文部首表》、吴照的《説文字原考略》、張行孚的《説文揭原》。

《説文解字》的另一大學術貢獻是提出了六書理論。《説文解字》敘曰：「《周禮》保氏教國子，先以六書。一曰指事。指事者，視而可識，察而見意，上下是也。二曰象形。象形者，畫成其物，隨體詰詘，日月是也。三曰形聲。形聲者，以事為名，取譬相成，江河是也。四曰會意。會意者，比類合誼，以見指撝，武信是也。五曰轉註。轉註者，建類一首，同意相受，考老是也。六曰假借。假借者，本無其字，依聲託事，令長是也。」

指事是在象形字的基礎上加上抽象指示符號的造字方法。如「刃」字是在「刀」鋒處加上一點，以作標示。

象形是指用形象或意象表達文字的造字方法，絶大部分的漢字部首即是由象形字組成的。

形聲是形旁（又稱「義符」）和聲旁（又稱「音符」）組合而成的造字方法，形旁表示字的意思或類屬，聲旁表示字的相同或相近發音，目前常用字主要是由形聲造字法而成。

會意亦是由兩個或多個獨體字組合的造字方法，以組成的字形或字義合並起來表達此字的意思。如「解」字為剖拆義，用「刀」把「牛」和「角」分開來表達。

轉註屬於「用字法」，當這兩個字是用來表達相同的東西，詞義一樣時，它們會有相同的部首或部件。例如「考」「老」二字，本義都是長者，《説文解字》「考」字下説「老也」，「老」字下説「考也」，這就是「轉相為註，互相為訓」的例子。

假借亦是「用字法」，第一類是本無其字的假借，如「北」，甲骨文字形象二人相背。北方的「北」無形可象，就借語音相同的「背」來表示北方的意思。

許慎在《説文解字叙》裏所説「假借者，本無其字，依聲託事」，就是這一類。在漢語發展過程中這一類的字很多。第二類是本有其字的假借，意為本有表示某個詞義的字形，但使用了音同或音近的另一個字形，這一類在秦漢以上的古書中極為常見。如《詩經・豳風・七月》「七月食瓜，八月斷壺」，借「壺」為「瓠」，這些都是本有其字的假借。

「六書」理論提出之後，雖東漢以來代有異義，但仍是分析和理解漢字最重要的方法之一。

《説文解字》的第三個學術貢獻是總結了漢字的起源論。《説文解字》叙曰：「古者庖犧氏之王天下也，仰則觀象於天，俯則觀法於地，觀鳥獸之文與地之宜，近取諸身，遠取諸物，于是始作易八卦，以垂憲象。及神農氏，結繩為治，而統其事。庶業其繁，飾偽萌生。黄帝史官倉頡，見鳥獸蹏迒之跡，知分理可相別異也，初造書契。」許慎傳承了《周易》中關於文字起源的認識，進一步認為漢字創生與伏羲所創易八卦的同源關係，並强調黄帝時期史官倉頡的造字之功。

《説文解字》作為中國最早的字典之一，是古今一切漢字字典的鼻祖和模範，目前應用廣泛的《新華字典》《現代漢語詞典》亦是在其基本體例的基礎上逐漸演化而成。

《説文解字》對中國文化有兩方面的巨大影響，一是奠定了世界上獨一無二的書法藝術的基礎。二是這本字典深刻地影響了中國經典之學的學術傳統。書法是書寫傳統的衍生，經典教育以讀經為基礎，讀經與書寫這兩大傳統都跟《説文解字》有極其深刻的聯係。以下分別講述《説文解字》與書法、學術的關係。

《説文解字》與中國書法傳統

《説文解字》是以古文字字形為中心的字典，它與中國書法傳統的關係主要表現在三個方面：

（一）確立了漢字字體演變的學説。在《説文解字》成書之前没有完整系統的關於漢字字體演變的學説。《説文解字》總結了秦國統一以來八種字體，《説文解字》叙曰：「自爾秦書有八體：一曰大篆，二曰小篆，三曰刻符，四曰蟲書，五曰摹印，六曰署書，七曰殳書，八曰隸書。」同時又指出：「漢興有草書」。《説文解字》中提到了三種書體：篆書、隸書、草書，對漢字的流變作了系統梳理，奠定了漢字字體演變學説的基礎。

（二）確定了正字傳統。正字規範書法之字法，促使書法成為一門立基中國漢字之藝術。中國文字的統一非始於《説文解字》，西周時有一次文字的統一，相傳有大篆字書《史籀篇》的編撰，到了秦統一以後，頒布了《倉頡篇》《爰歷篇》《博學篇》等小篆字書。至許慎時代，仍傳承這一字書系統並在前代基礎上增訂改編，但字書是以可誦讀的內容編排而成的，雖便於記誦，但不便翻檢，文字也無含義的説解和讀音的標註，並非漢字學習的最佳方式。

《説文解字》開創了字典傳統，從而取代了字書系統在漢字傳承中的核心地位。之後歷代統一的王朝都要根據《説文解字》重新頒布標準文字，所以《説文解字》奠定了正字的傳統。其後形成的歷代各書體字典，是中國書法用字的規範所在，所謂「無一字無來歷」即指這一傳統。

（三）金石與竹帛之書並重。《墨子·兼愛下》曰：「以其所書於竹帛，鏤於金石，琢於槃盂，傳遺後世子孫者知之。」《説文解字》叙曰：「著於竹帛謂之書。」「郡國亦往往於山川得鼎彝，其銘即前代之古文。」從以上記載可知，中國古代漢字的載體主要有兩種，一是竹帛，二是金石。竹帛與金石的傳統同樣古老，在先秦時期主要的書寫材料是竹木和縑帛，竹帛之外主要是甲骨和青銅器。先秦之後經過漢魏的簡牘、紙張並用到東晉紙張全面替代簡牘。金石類載體也由先秦的甲骨、青銅為主轉化為秦漢及之後以石刻、摩崖為主，由此形成了書法史中帖學和碑學兩大傳統的原始形態。

《說文解字》與中國學術傳統

《說文解字》還開創了經典之學的傳統。西漢武帝實行「罷黜百家、獨尊儒術」的政策，形成了今文經學。今文經學有兩個特點，一個是它依據的文本是以西漢的隸書書寫的，為什麽會用當時的通行書體隸書書寫呢？因為秦始皇焚書坑儒和秦漢之際的大規模戰爭，到西漢初年重新整理典籍時，大部分經典都佚失了。幸虧經典傳承中早就有誦讀的傳統，所以尋訪能背誦經典的經師，由經師口授並用隸書記録下來，成為經典文本恢復的重要方式。其中最有名的就是「伏生授經」，漢文帝時，朝廷派中大夫晁錯尋訪伏生，伏生乃將《尚書》傳授之，孔子所整理的五經就是以口授筆記的方式得以在西漢初年重新記録完成。

這部分經典後來經過董仲舒的加工，以《春秋》公羊學為基礎，强調義理闡發，通經致用，形成了今文經學派。董仲舒的學説後來就成了西漢武帝統治思想的基礎，也成為之後兩千年儒家帝王統治學的基礎。

西漢中期，河間獻王在民間搜訪，得到了一些戰國時期的簡牘，然後獻給景帝。漢惠帝時期「挾書令」的正式廢除，秘藏的經典抄本陸續得以為世人所知，最著名的就是漢武帝時期魯恭王在重修孔子故居時發現牆壁夾層裏的竹簡，有《禮記》《尚書》《春秋》《論語》《孝經》，這些抄本用戰國文字書寫而成。學者們發現戰國時期的抄本與西漢通行的隸書版本有不少文本内容的差異，西漢末年的學者劉歆開始以古文字書寫的文本為依據研究經典。東漢時期這個學派開始逐漸成長起來，尤其是賈逵以古文字文本為依據全面研究經典，建立起古文經學派，出現了馬融、鄭玄、服虔、盧植等幾位著名的古文經學學者。

許慎師事賈逵，因感時人無視文字變遷，任意曲解經典，寫下了這部憤世嫉俗的《説文解字》，為更多的學者進入古文經學的研究提供了門徑。

許慎創立了古文字學，並帶動了音韻、訓詁之學。

形成了中國古代文字和義理並重的學術傳統，由此為書寫與讀經兩大系統的並軌奠定了基礎。《説文解字》叙曰：「蓋文字者，經藝之本，王政之始，前人所以垂後，後人所以識古，故曰：本立而道生。」此段文字清晰地表達了許慎的文字觀，也是此後中國人一直秉承的文字觀。

以上是關於學習《説文解字》的體會，還有基於《説文解字》所延伸出來的關於書寫和讀經這兩大傳統在當代文化中如何重新煥發生命力的話題，書此以待賢者指正。

餘論：幾點倡議

如何從漢字學習入手恢復書寫與讀經兩大傳統，有如下幾點倡議：

（一）在《新華字典》及所有漢字字典字頭下附上古今字形演變表，字形演變表應既有古文字字形的演變，也有真、草、隸、篆、行五體書的形態，以此幫助中國文化的學習者建立漢字字形演變的基本觀念。

（二）寫簡識繁，書楷習篆，用正認草。中國文明的復興需要全民漢字認知水平的提高，以此為基礎可以為全面振興傳統文化作準備。

（三）全民讀經典，恢復經典之學。國學者六藝之學也，經典學習作為中國文化傳承的重要方式，有必要在體制内外全面恢復讀經典。在幼兒教育中全面推廣中國經典的誦讀，在中小學教育中延續和深化經典教育，在大學教育中一以貫之。鼓勵各類成人教育和學習組織誦讀和研討傳習經典。

（四）經典和書法納入國家考試。作為制度保證，有必要將經典和書法納入各層面的國家考試。一方面是在影響最大、最全面的中、高考中，逐步加入經典和書法的内容，探索相關考試的形式。另一方面是各類職業資格考試中，如公務員考試、事業編制考試，相應加入經典和書法的内容。

（此文根據吴曉明二〇一八年在中國國家圖書館講座「《説文解字》與中國文化」録音稿修改而成）

目録

圖版

漢字演化述略

漢字是獨一無二的文字體系。在世界文字歷史中占有特殊的地位。漢字演化可以分為三個階段。一為漢字起源階段。時代從黃帝時期至夏商之際。二為古文字演化階段。時代從商代至秦漢之際。三為今文字演化階段。時代從西漢至現代時期。以下詳述之。

第一為漢字起源階段

這一階段是傳說與史實交織的時期。世界上大部分古文明最終都產生了文字。但現存和曾經使用過的文字幾乎都演化成了字母表音文字。當然也有例外。如東巴文字還保留著圖畫文字的特徵。但它是未完善的文字形態。漢字屬於基本獨立演化而成的原創型文字體系。當然亦不排除在各種產生過程受到一些外來影響。但一定不是輸入型的文字體系。從現代考古資料來看。新石器時代晚期由於農業的發明導致陶器的大量生產。而在陶器玉器上出現刻畫符號。並成為式異範圍的普遍現象。目前發現的陶器玉器上的符號。包含抽象符號和象形符號兩大類。中國區域大汶口文化，仰韶文化。良渚文化等陶器玉石器上發現的情況也類似。但這些符號目前均不能確認為某類的文字體系。只能確認為之漢字形成可能的來源。那麼漢字的起源究竟應該如何去認識呢。

關於漢字起源。東漢許慎在說文解字序中認為與伏羲創八卦。神農結繩記事等為前後的承相因的關係。而文字的創生為黃帝時代的史官倉頡一人所完成。黃帝距今五千年左右。正是中國文明形成的時代。文獻所記文字演化的情況多有後世加工的痕跡。但在未有足夠考古出土材料證明的情況下。關於漢字起源的認識。建立在去古未遠的早期文獻記錄基礎之上。司馬遷認爲黃帝之前的歷史文獻不足徵。闕而不論。因之在史記中確立了從黃帝時期作爲信史開端的傳統。這種認識至今未發生根本性的變化。中國近百年的考古。尤其是近七十多年來考古的重要目標之一是實證中華五千年的文明史。良渚遺址考古及其意義並正在於此。而文明的形成。必然伴隨文字的產生。倉頡造字的傳說即與此有關。黃帝時期出現文字體系化的使用。這是現代文字學家亦大致認可的觀點。

那麼是否可以這樣推測：黃河流域所誕生的易八卦形成了的陰陽兩個最簡約符號演繹一而成的關於天地萬物規律的圖像。由此從伏羲開始至黃帝時期形成了卦象、文字、繪畫三大符號系統。三者均在易象之理的統帥之下。誠如顏延之所述：圖載之意有三：一曰圖理，卦象是也；二曰圖識，字學是也；三曰圖形，繪畫是也。卦象統領文字和繪畫是中國文字和藝術史的重要特點。在黃帝時期，受卦象思維影響，早期象形符號為主體，形成了成熟的文字體系。而卦象與文字的關係為黃河流域文明所獨有。所以，這種文字起源觀能解釋漢字的源起，不一定能解釋世界上其他文字的起源。

第二，為古文字演化階段

這一階段經歷了夏代、商周、春秋戰國和秦漢之際。是漢字歷史上最複雜的演變階段之一。目前所見最早的成熟漢字是晚商甲骨文與金文。商代晚期文字總體上屬於巫史文字。甲骨文以占卜功能為主。金文以記史功能為主。而先周時期周人所使用的甲骨占卜即習自殷人。商代甲骨文因材質特殊，結構稍取省約方折，而金文則因教化原因文字大多未取簡約。有部分學者認為金文為正體，甲骨文為省體，此說未必精確，但作為甲、金區別性認識，亦可成一家之言。另，商代金文中的族徽文字則多重象形性，有較強的美術化傾向。

雖說商代文字是目前所見最早的成熟漢字體系。但今日所使用的漢字與西周文字的傳承關係更直接。原因是在商周之際中國文化發生了重大變遷，這種變遷甚至改變了文字使用的基本性質。學術界將它稱爲商周之變。它變主要表現在統治形態上。商代以巫王統治爲特徵。這與中國境內同它早期文化形態一脈相承。也與世界範圍的早期文明相一致。甲骨文主體即巫與王占卜所遺留的文字。商人的祭祀上帝爲中心建立起神權統治，非商族人常被作爲人牲、人殉用於祭祀。周文王長子伯邑考即作爲犧牲爲紂王殺害。西周人對此可刻骨銘心的仇恨又痛苦記憶。所以西周立國後徹底毀棄朝歌。同時在文化上革故鼎新。以周禮系統和禮樂制度取代商朝之占卜和祭祀傳統。因之甲骨占卜系統逐漸失傳。

西周以禮樂爲主體的文化改變了文字使用的性質。周人最初繼承了商人的占卜文化，西周初年之後被廢棄。以禮樂制度的構建完成了中國文化人文化的重要變革。因此西周文字的使用以禮樂爲特點。主要傳達典雅莊重的氣象。大部分青銅器是禮器。銘文以記諸侯的活動和開國。西周的分封治天下。天子與諸侯之間的特定關係需要通過一系列的儀式活動維繫。如天子的出巡與賞賜。諸侯的述職與朝貢等均以禮樂形式完成。這個過程對文字的使用主要是禮樂需要。沒有對文字書寫效率的強烈要求。西周對易文化的變革。導致周易逐漸成爲西周文化的基石。這不僅使文字與卦象的聯繫進一步深化。也使後代甲骨占卜術及其文字逐漸湮沒在歷史之中。司馬遷對這一文化現象已無法確切闡釋。至於史記龜策列傳中對甲骨占卜的語焉不詳。而東漢時的許慎的說文解字中也未提及甲骨文。

西周文字為秦漢所繼承並通過說文解字得以記錄和傳承。說文中所錄的籀文即來自西周文字的字書史籀篇。多數學者認為史籀篇為字書之原及文字整理之始。相傳為西周晚期宣王時產生的。此說雖不能確證，但大致能推測文字整理化為禮樂重要的標誌之一。可能是宣王中興的重要組成部分。

商周之交是中國文字演化的重要轉折點。一方面文字的性質從巫史向禮樂轉換。另一方面文字的文用并以下移。從巫史向貴族階層擴展。正體與俗體之區分是文字從中央至地方從巫史向國人擴散的結果。在西周時已文字已經有下移和擴散的趨勢。地域化俗體化逐漸出現。當然西周禮樂文化對文字文用的約束始終強大。所以西周時期文字的變化相對緩慢。

春秋時期，楚國開創的郡縣制徹底改變了西周文字以禮樂爲主的實用性質，文字使用下移至郡縣官吏。同時對文字書寫效率提出了要求。這兩個因素是春秋戰國文字變異之主因。因此，文字異形、草化，或曰隸變篆變勢不可擋。由此至戰國時期形成了西土秦系與東方楚、燕、齊、晉共五系文字。文字使用的下移也使文字不免朝着通俗化方向演化。而通俗化是字體演化的主要動力之一。戰國時期文字劇烈的變化也是文字大規模下移和使用相關。郡縣制使中央和地方的文字使用方式發生了巨變。中央與地方之間開始出現大規模的文書往來。取代了禮儀性的文字應用。尤其是戰國晚期頻繁的戰爭，使文字應用有了強烈的效率要求。因而書寫速度被放在優先考慮的位置。禮樂式文字育繁複的裝飾化過程與美文形化傾向。而我國晚期的手寫體則顯現了對書寫速度的追求。戰國時期秦國文字使用下移十分明顯。如在睡虎地秦墓中發現了普通士兵的家書及大量低級官吏書寫的文書。當然這些現象的出現與春秋晚期的教育變遷又有重要關係。孔子所倡導的有教無類的教育思想使文化得以為士等的普及。論語所記子張書諸紳。一方面可見孔子弟子的好學。另一方面可見文字書寫的普遍。以上這些因素均為隸書的產生奠定了基礎。中為秦漢時期字體的演化提供了條件。秦系文字以承襲西周為主。正體變化較小。如傳世石鼓文文字、秦始皇石刻、秦公簋等，直到秦統一的小篆頒行天下。而手寫體則以秦隸為主體進一步演化為隸書。這一過程被稱爲隸之父。秦統一後，廢除了六國文字的字法。以秦文字字法統一之。向全國頒發了秦小篆的標準字也倉頡篇、爰歷篇、博學篇等。而實際的手寫體則是秦大篆草化而成的秦隸。傳秦獄吏程邈爲隸也。實際情況可能是程邈整理和規範了秦隸的字法，編成字書推廣。

六國文字是指戰國時期韓、趙、魏、楚、燕、齊六國的文字，大致可以分爲三晉、燕、齊四系。戰國時期周王室對諸侯國的約束力迅速減弱。造成了田疇異畝、車涂異軌、衣冠異制、言語異聲、文字異形的現象。其中東方六國文字的變化比秦國更爲顯著。說文解字所言古文一詞，其中有一個含義，即指戰國時期的六國文字。西漢晚期出土了大量戰國文字的典籍抄本。其中的孔壁古書最著。説文解字中所收古文即其源於此。而以這些抄本爲研究材料。形成了影響巨大的古文經學學術流派。由於六國文字在秦統一後被廢除。秦代之後古文材料除了西漢武帝、西晉武帝時兩次大規模發現外。其它零星出土數目極其有限。加之古代沒有保護竹簡的有關技術。竹簡上的文字只能依靠傳抄保存下來。所以隨著時間的推移。文字傳抄的訛誤逐漸增多。導致古文的研究在三體石經刻成之後逐漸衰退。隨著二十世紀的來戰國時期六國文字的大規模發現。尤其是璽印、陶文、簡帛等的大量出土。使我們對這類文字有了進一步的認識。而六國文字最重要的特點就是通過簡化、繁化等導致大量俗體字的產生。實際是在西周春秋

文字基礎上的篆變。如二十世紀下半葉以
來大量出土的楚簡。即出現了楷化隸變字
化的因素。這為漢魏時期隸書、草書、楷書、
的出現提供了可能。同時六國文字不僅與
秦文字差異增大。彼此之間的差異也
顯著加大。

第三為今文字演化階段。時間為秦漢之際
至魏晉時期。主要表現在今文字的演化和成
熟。包括隸書、草書、行書、楷書的成形和進一步
演化。其中秦漢之際至東漢末年是隸書、
草書、行書、楷書形成的時期。從東漢末年
開始。名家法書在字體演化中的作用更加明
顯。形成了同一字體不同風格的名家書體。
秦統一僅十五年即告解體。然秦文字統
一的局面並未被根本改變。同時文字草化、俗化

的進程在漢朝建立後得到了加速。漢代在文字統一方面既繼承了秦代遺產，又開啓了六國文字書寫之復興。當然六國文字的字法並未真正恢復，而是其中的書寫文化得到較大程度的重新興起並融入到漢代的字體演化中。由此開啓了中國歷史上字體書體演進的又一高峰。其變化之豐富性超越了戰國時期。

秦漢之際至西漢武帝時爲是隸書從形成到成熟的階段。秦漢之際的隸書常有濃重的篆書意味，被稱爲古隸，是篆書向隸書演變的過渡階段。這一階段的隸書因是過渡階段字體，很快消失在歷史的視野中。二十世紀以來隨着秦漢簡牘帛書的大規模出土，隸書的原始面貌開始爲人所知。實際上秦簡的隸書是篆書的手寫。保留了大量篆書的特徵。但同時也出現了隸書的諸多形態。被認爲是隸變的開始。典型者如青川木牘、睡虎地秦簡、天水放馬灘秦簡等所呈現的書跡。西漢初年至中期繼承了秦代的隸變。並孕育了兩種不同形態的隸書。一爲秦代古隸的直接延續。因基本保留秦代古隸的特徵，被稱爲西漢古隸。馬王堆帛書中戰國縱橫家書即是這一類型的代表。二爲具有八分書特點的隸書開始出現。馬王堆帛書本周易是其代表。這一類的隸書取橫勢。橫畫有波磔。至西漢中晚期既已成熟。東漢時演化爲以熹平石經爲代表的八分書。成爲隸書的官方標準字體。同時秦漢隸變過程孕育著草書、楷書、行書等新字體。

說文解字敘曰漢興有草書。雖然草書

既是秦篆文隸變更延續下成長而起的字體。同時也是六國文字書寫影響下的產物。秦簡中就有草率的古隸。西漢武帝、昭帝時期的簡牘中就已出現了隸草的雛形。西漢元帝時期前後，成熟的隸草就已出現，並可以看作是章草的早期形態。由此至東晉王羲之時代，章草成熟。開啓了四百年左右的章草演化歷程。從兩漢至西晉的簡牘和魏晉的殘紙中可見章草的不斷演化。並出現了傳為三國時期吳國皇象所寫的章草字書《急就篇》，亦即章草的標準字體。傳世西晉時期的《平復帖》則是章草的著名法帖。而刻帖中亦保留不少漢晉時期的章草草書。東漢時期伴隨著名家法書觀念的形成，在章草領域出現了張芝、杜度、崔瑗等第一批書法名家。而張芝更是被尊為艸聖。這也預示著書體觀念逐漸從字體中分化出來並得到獨立呈現。近四百年的章艸演化史，亦是今章因素出現並不斷成熟的過程。在東漢簡牘中，就已出現字與字相連的今艸因素。西晉時期艸書書家衆多。其中的衛瓘與索靖的影響最大，二者均祖述張芝，索靖謹守師法，古意盎然。衛瓘則以稍引改變筆勢，強化了艸書的流變。二者共同推進了艸書的流化。從西晉時期的樓蘭故書和閣帖集的書跡中，可見今艸之規模。東晉的王羲之則在當時衆多的書法家族的艸書實踐中脫穎而出，開辟了今艸之新境。王羲之艸書風格與樣式，閣帖中所見多以帖為標準章艸樣式。另王羲之還書寫了大量帶有章艸因素的今字。如寒切帖、月半帖、遠宦帖、絕甲帖、絲布帖、蹋巴丼帖等，字字獨立之。字勢橫向開張。筆形厚闊。繼體屬歸趣正筆短。新體舊圖的類型。今字脫胎於章草字。結構大同小異。去其波磔。筆勢改橫張為縱引。並連綿其筆畫與字群。則新體卓然而立。因此王羲之變制字體的過程亦呈現在這一類作品中。

王羲之的今字是采張芝法。而凱法參之的一種字體。古典型樣式則如章草本都下帖、行穰帖、刻本虞休帖、傳中帖、清和帖、知賓帖、雪候帖、相毛弟帖等。這些人根是王羲之之晚年手的書跡。筆勢如龍騰虎躍。形態舒卷為姿。既是其運筆的映帶綿延。有明確的表現。可以說王羲之是使今字在字體上高度成熟和完美結合的關鍵人物。

在隸變過程中，東漢時期形成八分、章草、草和通俗隸書（或稱新隸體）三種類型的字體。其中新隸體的草率寫法逐漸形成了行書。相傳東漢桓靈時期的劉德昇創造了行書。最早在北方潁川一帶，漢魏之際的鍾繇、胡昭都曾從學劉德昇，魏晉時期士大夫寫行書皆以鍾、胡爲法。公元三世紀的江南地區，行書已在社會上流行起來。三國時期吳國竹簡墨跡中出自胥吏之手的帳冊文書，許多就是用行書書寫的。東吳竹簡牘墨跡中比較多見的行書，寫法和結體明顯接近當時的楷書。如嘉禾三年大校簡、南彊丘男子耳僕佃田租税木簡下端的背文，嘉禾年間木簽牌上的字跡，有些筆畫爲映帶，但筆畫比較硬直，筆勢之意不連貫，而且字形方廣，像當時楷書的草率寫法。頗似後世的行楷體勢。以達木牘人的行書是吳國行書的另一種姿態。該類型書跡筆畫圓厚。一些偏旁部件出現省並。寫法活潑圓通。而且字形長。字勢欹側。又有婀娜的風流之韻。已用筆之勢與結體之態。與後世行書相當接近。總之。吳國的行書還保留了隸書許多古樸之美。

曹魏時期的鍾繇是行書演化歷史上的關鍵人物。可以說為他為行書確立了典範。使這一書體的迅速普及有了可能。至兩晉時期。秘書省的秘書寫副採用了行書。使行書成為令史之書而得到進一步普及。由此化為徹底的俗寫體和速寫體而大盛行世。目前所見兩晉行書墨跡主要為二十世紀以來出土的樓蘭文書。其中行書墨跡的內容主要為尺牘和簿

訂兩類。不啻是玩藝之寶，是學習的寫
法。既有明顯量較多行書中較早之型
的部件。中吸收了部分艸書的寫法。同時
又保留了一部分隸書的體式。可見西晉時
期是早期行書者演化的尾聲，它將開啓
東晉二王行書新妍的面貌。
行書真正成熟是由東晉王羲之徵序
完成的。傳世王羲之的姨母帖仍有明顯
隸意。與西晉時期鈔得了秋帖間。乙D◆
一日殘意。紙上的行書形態◆分接近。而王羲
之行書的成熟書跡。見汰除了隸書筆
意。具備了遒美家優的品格。傳世
摹本蘭亭序即是當日最傑出的代表。采
亭序的行也已脫去隸意。結體姿態多姿。
用筆正側和生相映發。既整飭又有天然之趣。
屬的則這一風格樣式的行書書跡之學習首

快雪時晴帖、平安何如奉橘帖、姨母帖等。這些法帖與蘭亭序共同構成了後世的楷則。

楷書溯源到先秦，楚地的篆書變化中就有楷法之萌芽。但真正意義上的楷書是東漢新隸體基礎上經過規整和改造後逐漸形成的。清末之前。學習和研究早期楷書僅有傳世摹本的鍾王一系的書跡與刻帖。清末以來出土的西北簡牘、紙、三國吳簡及魏晉墓誌等極大豐富了我們對早期楷書的認識。

一九九六年在長沙出土了大約十萬餘枚三國時期吳國簡牘。其中的楷書墨跡對認識這一書體的形成有關鍵作用。目前所見的吳國官牘楷書均為孫權時期所寫。其中不少楷書已經逐步處於初級階段。㈣

如介枚史頌一名刺有的楷式具而隸意少。有的隸式具而楷意少。其中的楷書長橫收筆按而不挑。長捺長撇直勁不翻挑。初步顯現了新隸體點畫的楷化。而吳簡中由上層官吏所書的朱然名刺楷化程度較高而隸意較少。橫畫收筆頓挫下鉤。豎畫有垂縮之態。撇筆勁挺。捺畫有一筆三折之勢。折筆方俊呈圭角。結體欹側。可以看作是相當成熟的楷書。當然由下層胥吏所書的簡牘大多隸意較濃厚。但中已楷化的點畫而吳簡楷書南彊丘男子□□佃田租稅中呈現的另一特點是豎畫和撇畫都爲入筆頓按。收筆銳出。橫畫入筆尖細。收筆垂按。這樣的用筆形態。在鄒晉文書中可以看到。在公元五世紀的寫經書法中亦可見。總觀三國吳簡楷書。雖隸意未盡。但結體已具欹側之勢力。點畫的楷化中初具規模。可見楷書的流行已是大勢所趨。

鍾繇是楷書歷史上第一位名家。傳世刻帖中的宣示、力命、薦季直、賀捷四表，對後世影響最大。其中賀捷表一帖與二十世紀以來先後在古樓蘭遺址出土的魏晉文書殘紙上的楷書字跡極為相似，可以看作是鍾繇楷書的代表書跡，與衛瓘的古體書風相比。鍾繇楷書代表了新體的面貌。對楷書的成熟起到關鍵作用。為楷書成為官方認可的正體字奠定了基礎。

北宋以後西晉楷書已無傳世墨跡。直至二十世紀初在中國西北發現了不少紙書。我們才對西晉楷書有了重新的認識。新疆出土的三國志·吳書·虞翻傳殘卷甲乙本和敦煌出土的法華經殘卷是其中的代表。

這些書跡雖時有顯露隸意。但又有著成熟的楷書的共同特徵。如豎鉤」之筆多向左上方挑出。橫畫的起筆頓按明顯。橫折」之筆的肩部多呈方折。通過空間的疏密高下或用筆的欹斜強弱形成欹側之勢。而吐魯番出土的樓蘭文書則出現了楷法趨於新妍的楷書。如三月一日、超濟白疏」紙、濟言、感思情、女人等。提按筆法運用更多。特別是橫畫收筆的按鋒和撇畫的方頭銳尾。使得早期楷書的隸意已漸漸脫去。

有了鍾繇書法的引領和兩晉楷書新變的啟示。東晉楷書繼續朝著趨新尚妍的方向演化。而王羲之在其中起到了關鍵作用。擅長楷書的王羲之傳世均為小楷。南朝人稱為正書、細書、細楷。自唐朝以來。流傳最廣的王羲之楷書名作是樂毅論、黃庭經、東方初畫像讚三種。亦是了解讀王羲之楷書風格或形與特化的重要依據。就其所承而言。王羲之的楷書屬於鍾繇系統。但於鍾繇之翻爲斂。筆法稱爲內擫。由此將楷書的筆法。筆意。結構推入到形巧而勢縱的新境界。

從商代後期至東晉王羲之時代近一千七百年的歷史中。中國文字完成了古文字向今文字的變遷。和各體書的演化。在字體演化的同時。形成了書體的分化。最終呈現了標準字體與典型書體互動影響的局面。這使中國漢字不僅具有王政之始。經藝之本的道統屬性。也承載着書法美的藝術品格。

第一

說文部首五百四十

一 yī（一 1）
上 shàng（上 2）
示 shì（示 3）
三 sān（三 4）
王 wáng（王 5）
玉 yù（玉 6）

玨 jué（玨 7）
气 qì（气 8）
士 shì（士 9）
丨 gǔn（丨 10）
屮 chè（屮 11）
艸 cǎo（艸 12）

蓐 rù（蓐 13）
茻 mǎng（茻 14）

壹

弟二

部首	编号	拼音
小	15	xiǎo
八	16	bā
釆	17	biàn
半	18	bàn
牛	19	niú
犛	20	máo
告	21	gào
口	22	kǒu
凵	23	kǎn
吅	24	xuān
哭	25	kū
走	26	zǒu
止	27	zhǐ
癶	28	bō
步	29	bù
此	30	cǐ
正	31	zhèng
是	32	shì
辵	33	chuò
彳	34	chì
廴	35	yǐn
㢟	36	chān
行	37	xíng
齒	38	chǐ

贰

卷三

牙39 yá　足40 zú　疋41 shū　品42 pǐn　龠43 yuè　冊44 cè

㗊45 jí　舌46 shé　干47 gān　𧮫48 jué　只49 zhǐ　㕯50 nè

句51 gōu　丩52 jiū　古53 gǔ　十54 shí　卅55 sà　言56 yán

誩57 jìng　音58 yīn　䇂59 qiān　丵60 zhuó　菐61 pú　廾62 gǒng

叁

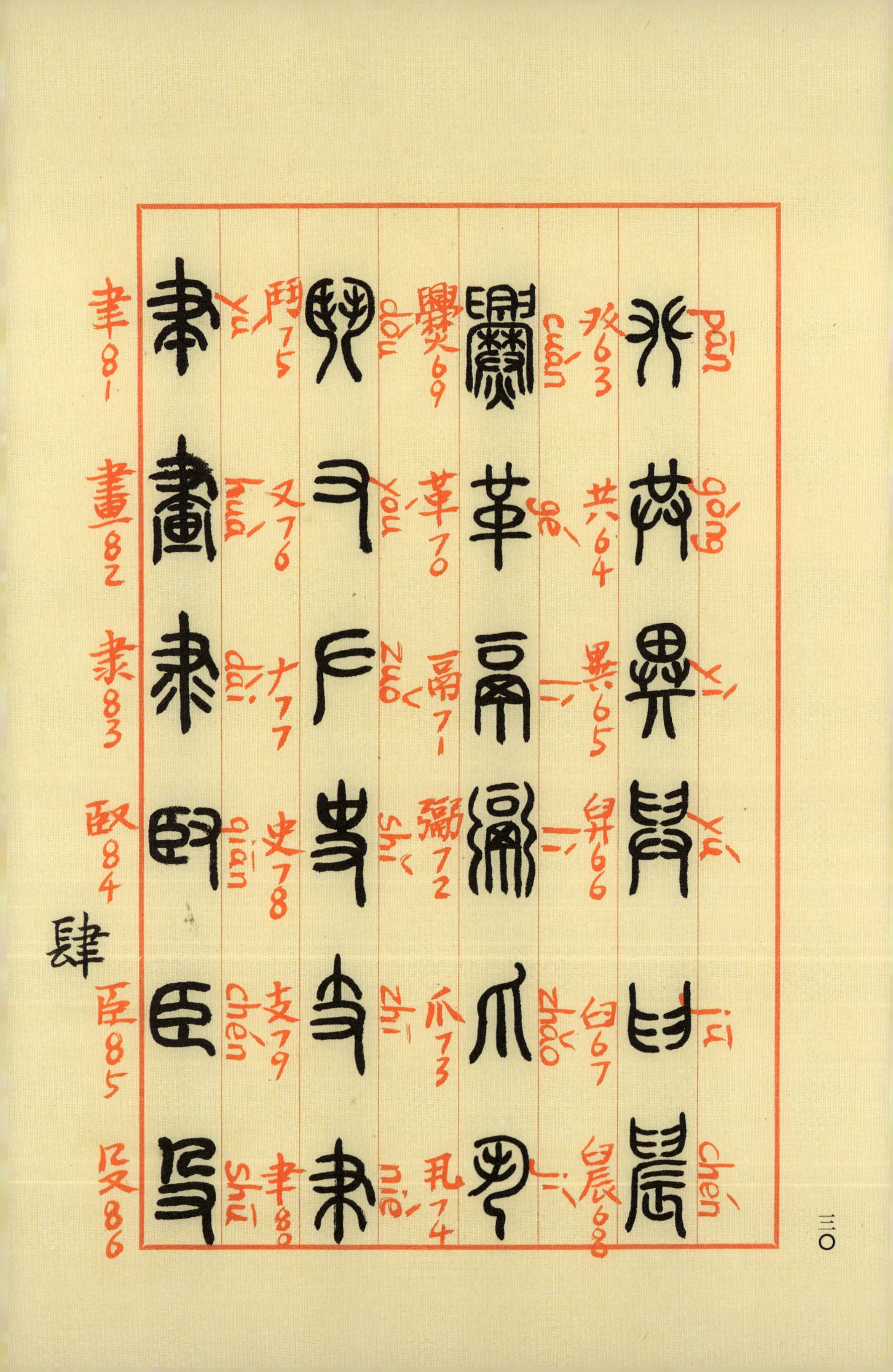

𠬜 63 pān
共 64 gòng
異 65 yì
舁 66 yú
臼 67 jiù
晨 68 chén

爨 69 cuàn
革 70 gé
鬲 71 lì
䰜 72 lì
爪 73 zhǎo
丮 74 jǐ

鬥 75 dòu
又 76 yòu
𠂇 77 zuǒ
史 78 shǐ
支 79 zhī
聿 80 niè

聿 81 yù
畫 82 huà
隶 83 dài
臤 84 qiān
臣 85 chén
殳 86 shū

肆

第四

字	序號	拼音
殺	87	shā
几	88	shū
寸	89	cùn
皮	90	pí
甍	91	ruǎn
攴	92	pū

字	序號	拼音
敎	93	jiào
卜	94	bǔ
用	95	yòng
爻	96	yáo
㸚	97	lǐ

字	序號	拼音
𥄎	98	xuè
目	99	mù
䀠	100	jù
眉	101	méi
盾	102	dùn
自	103	zì

字	序號	拼音
白	104	zì
鼻	105	bí
皕	106	bì
習	107	xí
羽	108	yǔ
隹	109	zhuī

伍

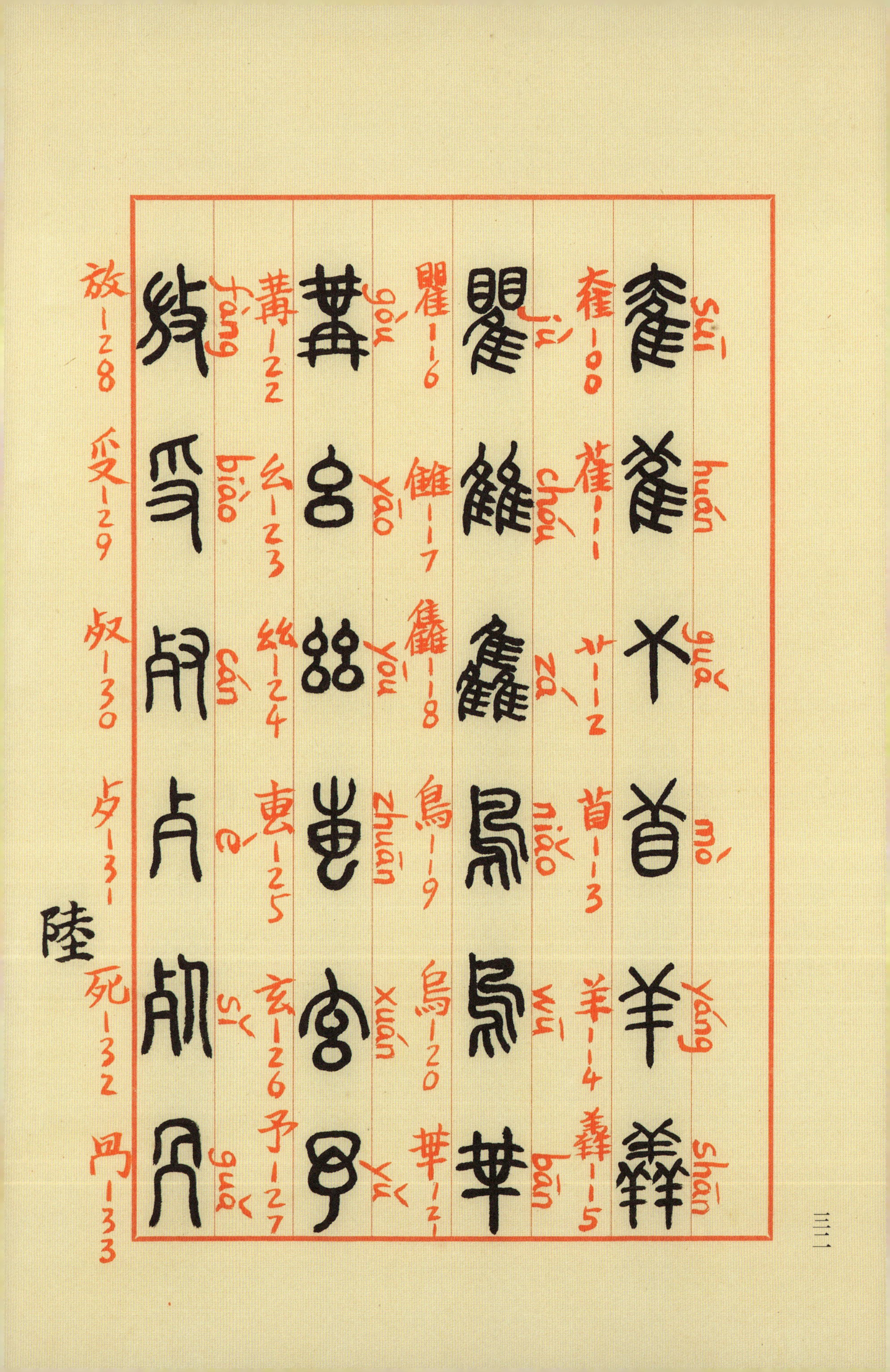

suī 奞 100
huán 雈 111
guǎ 𦫳 112
mò 苜 113
yáng 羊 114
shān 羴 115

qú 瞿 116
chóu 雔 117
zá 雥 118
niǎo 鳥 119
wū 烏 120
bān 華 121

gòu 冓 122
yāo 幺 123
yōu 丝 124
zhuān 叀 125
xuán 玄 126
yǔ 予 127

fàng 放 128
biào 𠬪 129
cán 奴 130
è 歺 131
sǐ 死 132
guǎ 冎 133

陸

第五

字	拼音	编号
骨	gǔ	骨-134
肉	ròu	肉-135
筋	jīn	筋-136
刀	dāo	刀-137
刃	rèn	刃-138
㓞	qià	㓞-139
丯	jiè	丯-140
耒	lěi	耒-141
角	jiǎo	角-142
竹	zhú	竹-143
箕	jī	箕-144
丌	jī	丌-145
左	zuǒ	左-146
工	gōng	工-147
㠭	zhǎn	㠭-148
巫	wū	巫-149
甘	gān	甘-150
曰	yuē	曰-151
乃	nǎi	乃-152
丂	kǎo	丂-153
可	kě	可-154

柒

字	编号	拼音
兮	155	xī
号	156	háo
亏	157	yú
旨	158	zhǐ
喜	159	xǐ
壴	160	zhù
鼓	161	gǔ
豈	162	qǐ
豆	163	dòu
豊	164	lǐ
豐	165	fēng
䖒	166	xī
虍	167	hū
虎	168	hǔ
虤	169	yán
皿	170	mǐn
凵	171	qū
去	172	qù
血	173	xuè
丶	174	zhǔ
丹	175	dān
青	176	qīng
井	177	jǐng
皀	178	bī

捌

鬯 chàng 179
食 shí 180
亼 jí 181
會 huì 182
倉 cāng 183
入 rù 184

缶 fǒu 185
矢 shǐ 186
高 gāo 187
冂 jiōng 188
𩫖 guō 189
京 jīng 190

亯 xiǎng 191
㫗 hòu 192
畐 fú 193
㐭 lǐn 194
嗇 sè 195
來 lái 196

麥 mài 197
夊 suī 198
舛 chuǎn 199
舜 shùn 200
韋 wéi 201
弟 dì 202

玖

第六

夊 203 zhǐ
久 204 jiǔ
桀 205 jié

木 206 mù
東 207 dōng
林 208 lín
才 209 cái
叒 210 ruò
之 211 zhī

帀 212 zā
出 213 chū
𣎵 214 pò
生 215 shēng
乇 216 zhé
𠂹 217 chuí

𠌶 218 huā
華 219 huá
禾 220 jī
稽 221 jī
拾
巢 222 cháo
桼 223 qī

第七

束 shù 224
㯻 gǔn 225
口 wéi 226
員 yuán 227
貝 bèi 228
邑 yì 229

𨛜 xiàng 230

日 rì 231
旦 dàn 232
倝 gàn 233
㫃 yǎn 234
冥 míng 235
晶 jīng 236

月 yuè 237
有 yǒu 238
朙 míng 239
囧 jiǒng 240
夕 xī 241
多 duō 242

拾壹

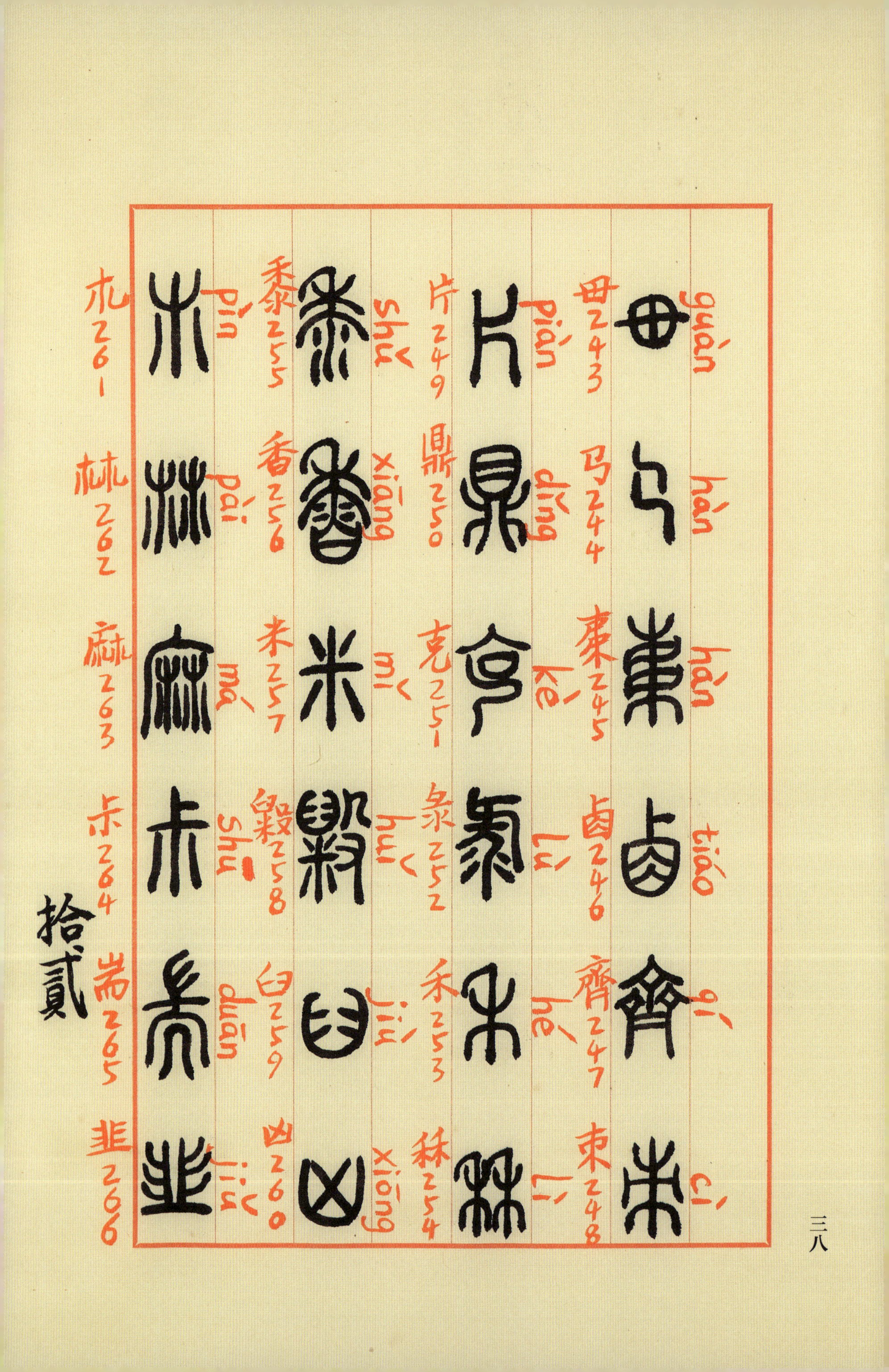

字	拼音	编号
毌	guàn	243
马	hàn	244
東	hàn	245
卤	tiáo	246
齊	qí	247
朿	cì	248
片	piàn	249
鼎	dǐng	250
克	kè	251
彔	lù	252
禾	hé	253
秝	lì	254
黍	shǔ	255
香	xiāng	256
米	mǐ	257
毇	huǐ	258
臼	jiù	259
凶	xiōng	260
朩	pìn	261
𣏟	pài	262
麻	má	263
尗	shū	264
耑	duān	265
韭	jiǔ	266

拾贰

瓜 guā 267
瓠 hù 268
宀 mián 269
宫 gōng 270
吕 lǚ 271
穴 xué 272

㝱 mèng 273
疒 nè 274
冖 mì 275
冃 mào 276
冒 mào 277
㒳 liǎng 278

网 wǎng 279
襾 xià 280
巾 jīn 281
巿 fú 282
帛 bó 283
白 bái 284

㡀 bì 285
黹 zhǐ 286

拾叁

第八

字頭	編號	拼音
人	287	rén
匕	288	huà
匕	289	bǐ
从	290	cóng
比	291	bǐ
北	292	běi
丘	293	qiū
㐺	294	yín
𡈼	295	tǐng
重	296	zhòng
臥	297	wò
身	298	shēn
㐆	299	yī
衣	300	yī
裘	301	qiú
老	302	lǎo
毛	303	máo
毳	304	cuì
尸	305	shī
尺	306	chǐ
尾	307	wěi
履	308	lǚ
舟	309	zhōu
方	310	fāng

拾肆

第九

儿 rén 311
兄 xiōng 312
兂 zēn 313
皃 mào 314
兜 gǔ 315
先 xiān 316

禿 tū 317
見 jiàn 318
覞 yào 319
欠 qiàn 320
㱃 yǐn 321
㳄 xián 322

旡 jì 323

頁 xié 324
百 shǒu 325
面 miàn 326
丏 miǎn 327
首 shǒu 328
県 jiāo 329

拾伍

須 330 xū	司 336 sī	辟 342 bì	厶 348 sī
彡 331 shān	卮 337 zhī	勹 343 bāo	嵬 349 wéi
彣 332 wén	卩 338 jié	包 344 bāo	山 350 shān
文 333 wén	印 339 yìn	茍 345 jì	屾 351 shēn
髟 334 biāo	色 340 sè	鬼 346 guǐ	屵 352 è
后 335 hòu	卯 341 qīng	甶 347 fú	广 353 yǎn

拾陸

第十

厂 354 hàn
丸 355 wán
危 356 wéi
石 357 shí
長 358 cháng
勿 359 wù

冄 360 rǎn
而 361 ér
豕 362 shǐ
㣇 363 yì
彑 364 jì
豚 365 tún

豸 366 zhì
兕 367 sì
易 368 yì
象 369 xiàng

馬 370 mǎ
廌 371 zhì
鹿 372 lù
麤 373 cū
㲋 374 chuò
兔 375 tù

拾柒

莧 376 huán
犬 377 quǎn
㹜 378 yín
鼠 379 shǔ
能 380 néng
熊 381 xióng

火 382 huǒ
炎 383 yán
黑 384 hēi
囪 385 chuāng
焱 386 yàn
炙 387 zhì

赤 388 chì
大 389 dà
亦 390 yì
夨 391 zè
夭 392 yāo
交 393 jiāo

尢 394 wāng
壺 395 hú
壹 396 yī
㚔 397 niè
奢 398 shē
亢 399 gāng

拾捌

弟五

夲 400 tāo

夰 401 gǎo

亣 402 dà

夫 403 fū

立 404 lì

竝 405 bìng

囟 406 xìn

思 407 sī

心 408 xīn

惢 409 suǒ

水 410 shuǐ

沝 411 zhuǐ

瀕 412 pín

く 413 quǎn

巜 414 kuài

川 415 chuān

泉 416 quán

灥 417 xún

永 418 yǒng

𠂢 419 pài

谷 420 gǔ

仌 421 bīng

拾玖

第十二

雨	422	yǔ
雲	423	yún
魚	424	yú
𩺰	425	yú
燕	426	yàn
龍	427	lóng
飛	428	fēi
非	429	fēi
卂	430	xùn
乙	431	yǐ
不	432	fǒu
至	433	zhì
西	434	xī
鹵	435	lǔ
鹽	436	yán
户	437	hù
門	438	mén
耳	439	ěr
𦣝	440	yí
手	441	shǒu
𠦬	442	guāi

贰拾

443	女	nǚ
444	毋	wú
445	民	mín
446	丿	piě
447	厂	yí
448	乀	yí
449	氏	shì
450	氐	dǐ
451	戈	gē
452	戉	yuè
453	我	wǒ
454	亅	jué
455	琴	qín
456	乚	yǐn
457	亡	wáng
458	匸	xì
459	匚	fāng
460	曲	qū
461	甾	zī
462	瓦	wǎ
463	弓	gōng
464	弜	jiàng
465	弦	xián
466	系	xì

貳壹

第十三

编号	字	拼音
467	糸	mì
468	素	sù
469	絲	sī
470	率	shuài
471	虫	huǐ
472	䖵	kūn
473	蟲	chóng
474	風	fēng
475	它	tā
476	龜	guī
477	黽	měng
478	卵	luǎn
479	二	èr
480	土	tǔ
481	垚	yáo
482	堇	qín
483	里	lǐ
484	田	tián
485	畕	jiāng
486	黃	huáng
487	男	nán
488	力	lì
489	劦	xié

貳貳

第十四

金 jīn 金490
幵 jiān 幵491
勺 zhuó 勺492
几 jǐ 几493
且 jū 且494
斤 jīn 斤495

斗 dǒu 斗496
矛 máo 矛497
車 chē 車498
𠂤 duī 𠂤499
𨸏 fù 𨸏500
𨺅 fù 𨺅501

厽 lěi 厽502
四 sì 四503
宁 zhù 宁504
叕 zhuó 叕505
亞 yà 亞506
五 wǔ 五507

六 liù 六508
七 qī 七509
九 jiǔ 九510
禸 róu 禸511
嘼 chù 嘼512
甲 jiǎ 甲513

貳叁

乙 514 yǐ
丙 515 bǐng
丁 516 dīng
戊 517 wù
己 518 jǐ
巴 519 bā

庚 520 gēng
辛 521 xīn
辡 522 biàn
壬 523 rén
癸 524 guǐ
子 525 zǐ

了 526 liǎo
孨 527 zhuǎn
𠫓 528 tū
丑 529 chǒu
寅 530 yín
卯 531 mǎo

辰 532 chén
巳 533 sì
午 534 wǔ
未 535 wèi
申 536 shēn
酉 537 yǒu

貳肆

酉 yǒu
酉 538

戌 xū
戌 539

亥 hài
亥 540

庚子十月初八若谷吳曉明記

貳伍

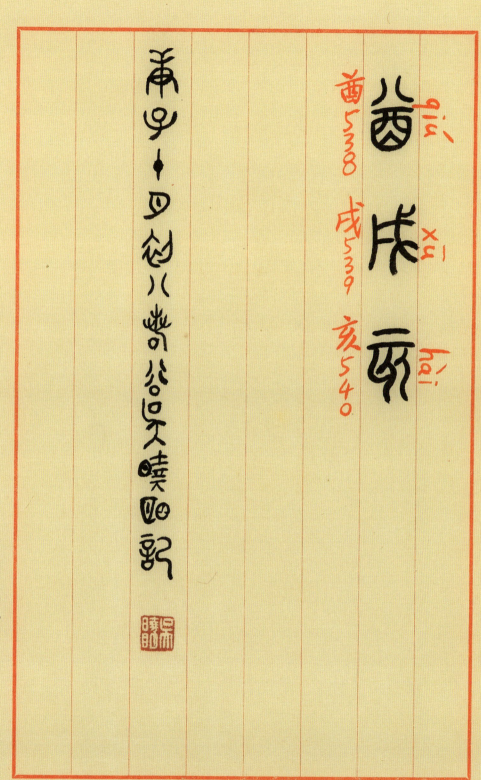

許慎說文解字敘

古者庖犧氏之王天下也
仰則觀象于天俯則觀法
於地視鳥獸之文與地之
宜近取諸身遠取諸物於
是始作八卦以垂憲象及
神農氏結繩爲治而統其

事庶業其繁飾僞萌生黃
帝之史倉頡見鳥獸蹏迒
之迹知分理之可相別異
也初造書契百工以乂萬
品以察蓋取諸夬夬揚于
王庭言文者宣教明化于
王者朝廷君子所以施祿
及下居德則忌也倉頡之

初作書蓋依類象形故謂之文其後形聲相益即謂之字字者言孳乳而浸多也著于竹帛謂之書書者如也以迄五帝三王之世改易殊體封于泰山者七十有二代靡有同焉周禮八歲入小學保氏教國子

先以六書一曰指事指事
者視而可識察而可見上
下是也二曰象形象形者
畫成其物隨體詰詘日月
是也三曰形聲形聲者以
事為名取譬相成江河是
也四曰會意會意者比類
合誼以見指撝武信是也

五曰轉注轉注者建類一
首同意相受考老是也六
曰假借假借者本無其字
依聲託事令長是也及宣
王太史籀著大篆十五篇
與古文或異至孔子書六
經左丘明述春秋傳皆以
古文厥意可得而說其後

諸侯力政不統於王惡禮
樂之害己而皆去其典籍
分為七國田疇異畝車涂
異軌律令異法衣冠異制
言語異聲文字異形秦始
皇帝初兼天下丞相李斯
乃奏同之罷其不與秦文
合者斯作倉頡篇中車府

令趙高作爰歷篇太史令
胡毋敬作博學篇皆取史
籀大篆或頗省改所謂小
篆者也是時秦燒滅經書
滌除舊典大發隸卒興役
戍官獄職務繁初有隸書
以趣約易而古文由此絕
矣自爾秦書有八體一曰

大篆二曰小篆三曰刻符
四曰蟲書五曰摹印六曰
署書七曰殳書八曰隸書
漢興有艸書尉律學僮十
七已上始試諷籀書九千
字乃得爲吏又以八體試
之郡移大史并課冣者以
爲尚書史書或不正輒舉

劾之今雖有尉律不課小
學不修莫達其說久矣孝
宣時召通倉頡讀者張敞
從受之凉州刺史杜業沛
人爰禮講學大夫秦近亦
能言之孝平時徵禮等百
餘人令說文字未央廷中
以禮爲小學元士黃門侍

郎揚雄采以作訓纂篇凡
倉頡以下十四篇凡五千
三百四十字群書所載略
存之矣及亡新居攝使大
司空甄豐等校文書之部
自以為應制作頗改定古
文時有六書一曰古文孔
子壁中書也二曰奇字即

古文而異者也三曰篆書
即小篆秦始皇帝使下杜
人程邈所作也四曰左書
即秦隸書五曰繆篆所以
摹印也六曰鳥蟲書所以
書幡信也壁中書者魯恭
王壞孔子宅而得禮記尚
書春秋論語孝經又北平

侯張倉獻春秋左氏傳郡
國亦往往於山川得鼎彝
其銘卽前代之古文皆自
相似雖叵復見遠流其詳
可得略說也而世人大共
非訾以爲好奇者也故詭
更正文鄉壁虛造不可知
之書變亂常行以燿於世

諸生競說字解經誼稱秦
之隸書為倉頡時書云父
子相傳何得改易乃猥曰
馬頭人為長人持十為斗
虫者屈中也廷尉說律至
以字斷法苛人受錢苛之
字止句也若此者甚眾皆
不合孔氏古文謬於史籀

俗儒鄙夫翫其所習蔽所
希聞不見通學未嘗覩字
例之條怪舊埶而善野言
以其所知爲祕妙究洞聖
人之微恉又見倉頡篇中
幼子承詔因號古帝之所
作也其辭有神僊之術焉
其迷誤不諭豈不悖哉書

曰予欲觀古人之象言必
遵修舊文而不穿鑿孔子
曰吾猶及史之闕文今亡
矣夫蓋非其不知而不問
人用己私是非無正巧說
衺辭使天下學者疑蓋文
字者經藝之本王政之始
前人所以垂後後人所以

識古故曰本立而道生知
天下之至嘖而不可亂也
今敘篆文合以古籀博采
通人至於小大信而有證
稽譔其說將以理羣類解
謬誤曉學者達神恉分別
部居不相雜廁萬物咸睹
靡不兼載厥誼不昭爰明

以諭其偁易孟氏書孔氏
詩毛氏禮周官春秋左氏
論語孝經皆古文也其於
所不知蓋闕如也
文重一千一百六十三解
說凡十三萬三千四百四
十一字其建首也立一為
耑方以類聚物以羣分同

條牽屬共理相貫雜而不
越據形系聯引而申之以
究萬原畢終於亥知化窮
冥于時大漢聖德熙明承
天稽唐敷崇殷中遐邇被
澤渥衍沛滂廣業甄微學
士知方探嘖索隱厥誼可
傳粵在永元困頓之年孟

卿正月朔日字申曾魯川
子祖自炎裔縉雲相黃帝
為高辛太嶽左夏呂封佁
藩侯屏于許世祀資靈自
從祖名宦以洪顯寵作景
從叔淵聖門其弘如何郭
從南山欲爾不能歆端愚
才猶道之味間雞軼遷演

贊曰老次斯微辭知以旨
繇懷兮昭於天安灰之逢幾理
而堇之

庚子立夏[illegible]谷吳曉明記

吳曉明印

說文解字敘註

【敘曰】。[一]古者庖犧氏[二]之王天下也。仰則觀象於天。俯則觀法於地[三]。視鳥獸之文與地之宜[四]。近取諸身。遠取諸物[五]。於是始作易八卦[六]。以垂憲象[七]。及神農氏結繩爲治而統其事[八]。庶業其繁[九]。飾僞萌生[十]。黃帝之史倉頡[十一]。見鳥獸蹏迒之迹[十二]。知分理之可相別異也[十三]。初造書契[十四]。百工以乂。萬品以察[十五]。蓋取諸夬[十六]。夬揚于王庭。言文者宣教明化於王者朝廷[十七]。君子所以施祿及下。居德則忌也[十八]。

〔一〕敘曰：段注「二字蓋在下文『此十四篇』之上」。今審定移置於此。

〔二〕庖犧氏，又作伏犧、宓犧、伏戲、包犧，中國古代神話中人物之始祖。相傳他教民結網漁獵畜牧。

〔三〕象，現象。易繫辭上「在天成象，在地成形，變化現矣」。法，義同象。易繫辭上「是故法象莫大乎天地」。

〔四〕宜，同儀。儀，儀式、形式、形狀。地之宜，即天地之形狀。

〔五〕易說卦云「乾為首，坤為腹，震為足，巽為股，坎為耳，離為目，艮為手，兌為口」。孔疏曰「此一節說八卦人身之象，略明近取諸身也」。說卦又云「乾為馬，坤為牛，震為龍，巽為雞，坎為豕，離為雉，艮為狗，兌為羊」。孔疏曰「此一節說八卦畜獸之象，略明遠取諸物也」。

〔六〕從「古者」至「作易八卦」，引自易繫辭下。

〔七〕垂，顯示、表示。憲象，法象。唐代張彥遠歷代名畫記載顏光祿云「圖載之意有三，一曰圖理，卦象是也」。亦述之意一例證。

〔八〕神農氏上古帝王，始以木製耒耜，教民耕稼。結繩：周易繫辭下孔穎達引鄭玄周易注云：「事大，大結其繩；事小，小結其繩。」結繩，紀事也。原意為繩之頭結，此指記錄義。

〔九〕至，同綦，義為極至。

〔十〕飾，文飾；偽，詐偽。萌生，滋多也。

〔十一〕倉頡，亦作蒼頡。倉頡造字之說起於先秦，荀子解蔽篇曰：「故好書者眾矣，而倉頡獨傳者，壹也。」韓非子五蠹篇曰：「倉頡之作書也，自環者謂之私，背私謂之公。」呂氏春秋君守篇曰：「倉頡造書。」帝王世紀云：「黃帝史官倉頡。」史記承之。

〔十二〕蹏迒，同義複合。蹏，古蹄字。說文曰：「足也。」迒，獸迒。

〔十三〕分理，猶文理，即紋理。別異，一作別。

〔十四〕書契，文字。書，寫；契，刻。近義複合。

〔十五〕百工，百官。乂，治也。周易繫辭：「百官以治，萬

民以察。」魏書江式傳作「百工以敘，萬品以明」。五經文
字敘作「百官以理，萬人以察」。
〔十六〕夬，分決也。原注：義為挾指。周易夬卦第四十三，乾上兌
下。孔穎達周易正義疏曰：「夬，決也。」此陽決柔也。若
「神農氏結繩」邑，蓋取諸夬，取定於周易繫辭
下文句「上古結繩而治，後世聖人易之以書契，百官以
治，萬民以察，蓋取諸夬。」
〔十七〕引自周易繫辭。夬卦之彖辭：「夬，揚於王庭。」
〔十八〕此句引自周易夬卦象辭：「夬，君子以施祿及下，居德
則忌也。」王弼易作「明忌」。桂馥、王筠均謂為應為「居德
明忌」。王筠說文句讀：「文字可以居德則忌，易民前六經
以」。以蓄居德忌也。可以明忌，若令「以禁亦止之言」。

倉頡之初作書，蓋依類象形〔十九〕，故
謂之文〔二十〕。其後形聲相益〔二十一〕，即謂之

字〔二二〕。文者。物象之本〔二三〕。字者。言孳乳而浸多也〔二四〕。著於竹帛謂之書。書〔二五〕者。如也〔二六〕。以迄五帝三王之世。改易殊體〔二七〕。封於泰山者七十有二代。靡有同焉〔二八〕。

〔十九〕依類象形。段注「謂指事象形二者也。指事亦以象形也。」

〔二〇〕文。段注「文者逪畫也。逪畫而物像在是也。」

〔二一〕形聲相益。段注「謂形聲會意二者也。有形必有聲。聲與形相軵為形聲。形與形相軵為會意也。」

〔二二〕字。桂馥義證「顧炎武曰：春秋以上言文，不言字，以文為字，乃始於史記。秦始皇琅邪臺石刻曰：同書文字。字之名，自秦而立，自漢而顯也歟。」

〔二三〕文者，物象之本。段注「各本無此六字，依左傳宣十五年正義補。」

〔二四〕字者，句。說文「字，乳也。」「孳，汲汲生也。」乳，人及鳥生子曰乳。漸，孳乳，孳生，同義複合。桂馥義證「字者，孳乳也，言文之所生也。」段注「析言之，獨體曰文，合體曰字；統言之，則文、字可互稱。」

〔二五〕著於竹帛。段注「附某而著明之於竹帛也。」墨子兼愛「有言曰：書於竹帛，鏤於金石，琢於盤盂。」

〔二六〕如。段注「謂如其事物之狀也。」王筠句讀「書者，如也。」舒也，紓也。

〔二七〕段注「迄，當作訖。訖，止也。」五帝：黃帝、顓頊高陽、帝嚳、堯、舜。三王：夏禹、商湯、周文武。

〔二八〕史記封禪書「古者封泰山禪梁父者七十二家。」靡，通無。

周禮八歲入小學[29]保氏教國子。先以六書[30]一曰指事。指事者視而可識察而(可)見(意)上下是也[31]。二曰象形象形者畫成其物隨體詰詘。日月是也[32]。三曰形聲[33]形聲者以事為名[34]取譬相成江河是也。四曰會意會意者比類合誼以見指撝[35]武信是也也。[三六]五曰轉注。轉注者，建類一首，同意相受，考老是也。[三七]六曰假借。假借者，本無其字，依聲託事，令長是也。[三八]

【二九】
【三〇】

大戴禮記·保傅：「古者年八歲而出就外舍，學小藝焉，履小節焉。」

周禮·地官·保氏：「保氏掌養國子以道，乃教之六藝，……五曰六書。」長注：「六書，古者文字聲音義理之總匯也。」班固漢書·藝文志：象形、象事、象意、象聲、轉注、假借。鄭衆周禮保氏注曰：象形、會意、轉注、處事、假借、諧聲。案：在次第上依班固，名稱上依許慎。

〔三一〕指事」段注「指事之別於象形者，形謂一物，事晐衆物。指事不可以會意殽，合兩文為會意，獨體為指事」可見。段注當作「見意」。「上下」段注「此謂古文也，有在一之上者，有在一之下者，視之而可識為上下，察之而見上下之意」。

〔三二〕象形」段注「有獨體之象形，有合體之象形，獨體如日月水火是也。合體从某而又象其形，如『眉』从目而以「𠃑」象其形，『箕』从竹而以甘象形，『衰』从衣而以𣏟象其形，『𤰝』从田而以𠃬象耕田溝詰屈之形是也。獨體之象形則成字可讀，軵於从某者不成字不可讀」。「詰詘」猶屈曲。

〔三三〕形聲」段注「其別於指事、象形者，指事、象形獨體，形聲合體；其別於會意者，會意合體主義，形聲合體主聲」。

〔三四〕段注「以事為名，謂半義也；取譬相成，謂半聲也。江河之字，以水為名，譬其聲如工可，因取工可之一の其民名歷之延。歷之嚐比方以象之為名指言之符。取符之約其指聲之符。

〔三五〕會意。言長注。會意之者合也。一體不足以見其義。故必合二體之意以其字。比排比組合類字。類字乃達誼。通義。指物指揮之意義指向之變。

〔三六〕武信。用止戈組合會意。止戈為武之意。用人言組合會人於意。人言為信之意。

〔三七〕轉注。輾轉灌注。建類一首。同義相受。是說先立共同之義類。再注上表義之字為一類之首以統一之。文言此些字同受之於這個標首之字。如老之義之詞為考。考老者。考壽之老也。即為老之義。立一類造出之幾個字。受字注入老字の一類首。這些字同受之於老也。

〔三八〕本無其字。依聲託事。義指某一個詞本無其字。見同音字以寄託其義。令長是也。訓君之令與長上之長。無專用字。乃借發號之令久遠之長表示。

及宣王太史籀著大篆十五篇，與古文或異。至孔子書六經，左[三九]丘明述春秋傳，皆以古文，厥意可得而說[四〇]。其後諸侯力政，不統於王[四一]，惡禮樂之害己，而皆去其典籍[四二]。分爲七國，田疇異畝，車涂異軌[四三]，律令異法，衣冠異

制。言語異聲，文字異形【四三】

【三九】宣王，姬姓，名靖。太史籀，段注：「太史，官名。籀，人名也。省言之曰史籀。」《漢書·藝文志》云：「《史籀》十五篇。」自注：「周宣王太史作大篆十五篇。」又云：「《史籀篇》者，周時史官教學童書也。」然其人姓不詳。大篆，據王國維考證，是周秦西土文字。

【四〇】古文，此處指壁中書，即漢武帝時在孔子舊宅中所發現之藏書也，原為春秋戰國六國文字系統。六經，指易、書、詩、禮、樂、春秋。左丘明，春秋時史學家，魯國人，雙目失明，曾任魯太史。厥，其也。

【四一】政，通征。力政，見《逸周書·度訓篇》。王念孫曰：「言以力相征伐。」《漢書》卷二十七曰：「天子弱，諸侯力征。」

【四二】《孟子·萬章下》曰：「諸侯惡周禮害己，而皆去其典籍。」《漢書·藝文志》亦曰：「諸侯將踰法度，惡其害己，皆滅去其籍。」

〔四三〕疇，田地之溝。田疇，田地。同義複合。畮同畝。車涂異軌，段注：「車之轍廣曰軌，因以軌名涂之廣。七國時車不依徹廣八尺之定制，或廣或狹焉。涂不依諸侯經涂七軌，環涂五軌，野涂三軌之制，各以意為之，故曰車涂異軌也。」

秦始皇帝初兼天下。丞相李斯乃奏同之，罷其不與秦文合者。〔四四〕斯作倉頡篇，〔四五〕中車府令趙高作爰歷篇，〔四六〕太史令胡毋敬作博學篇，〔四七〕皆取史籀大篆。【四八】或頗省改。【四九】所謂小篆者也。【五〇】是時秦燒滅經書。滌除舊典。大發隸卒。興役戍。官獄職務繁。初有隸書。以趣約易。【五一】而古文由此絕矣。【五二】

【四四】兼。兼並。統一。李斯（？－前二〇八年），楚上蔡（今河南上蔡）人，荀子弟子，秦始皇之丞相。罷。廢除「同之」。統一文字。段注：「秦文同天下之文，即下文小篆也。」史記秦始皇本紀：「二十六年……書同文字。」

【四五】倉頡篇：漢書藝文志曰：「倉頡一篇。上七章。秦丞相李斯作。」

〔四六〕爰歷篇　漢書藝文志曰：「爰歷六章者，車府令趙高作也。」中車府令，主乘輿路車者也。

〔四七〕博學篇　漢書藝文志曰：「博學七章，太史令胡毋敬作。」司馬彪曰：「太史令，掌天時星曆。」胡毋，姓也。

〔四八〕蒼頡篇　漢書藝文志曰：「文字多取史籀篇，而篆體復頗異，所謂秦篆者也。」又云：「漢興，閭里書師合蒼頡、爰歷、博學三篇，斷六十字以爲一章，凡五十五章，并爲蒼頡篇。」今蒼頡、爰歷、博學合稱三倉。以四字爲句，句一韵，皆不傳。清孫星衍、任大椿，近代王國維等有輯本。

〔四九〕或不盡然　段注：「省者，省其繁重；改者，改其怪奇。或之云者，不盡省改也。不改者多，則許所列小篆固皆古文大篆，其不云古文作某、籀文作某者，是所謂或頗省改者也。」

〔五〇〕小篆　漢書藝文志作秦篆。凡許書中云篆者，皆小篆也。云籀文者，大篆也。

〔五二〕隸。徒隸。指役官吏。獄。指主管訟事法律之官吏。趣。趨向。漢志曰：「是時始造隸書矣，起於官獄多事。苟趨省易，施之於徒隸也。」晉衛恒四體書勢：「秦既用篆，奏事繁多，篆字難成。即令隸人佐書。曰隸字。」

〔五三〕古文。此處指隸書以前之古文字。

自爾秦書有八體。一曰大篆〔五三〕。二曰小篆〔五四〕。三曰刻符〔五五〕。四曰蟲書〔五六〕。五曰摹印〔五七〕。六曰署書〔五八〕。七曰殳書〔五九〕。八曰隸書〔六〇〕。

〔五三〕大篆。段注：「不言古文者。古文在大篆中也。上云古文由此絕。何也。古文、大篆雖不行。而其體固在。」

刻符，古籀之書未嘗皆不用之也。

〔五四〕小篆：秦統一後之法定文字。

〔五五〕刻符：長注：「符者，周制六節之一。漢制以竹，長六寸，分而相合。」刻符者，指刻在符節上之文字，字體仍爲小篆也。但筆畫較平直。目前所見爲新郪虎符上之文字。

〔五六〕蟲書：長注：「新莽六體爲鳥蟲書，所以書幡信也。」此蟲書即書幡信者。

〔五七〕摹印：長注：「即新莽之繆篆也。」

〔五八〕署書：長注：「凡一切封檢題字，皆曰署。題榜亦曰署。」冊部曰：「扁，署也。从戶冊。」

〔五九〕殳書：長注：「蕭子良曰：『殳者，伯氏之職也。古者文既書笏，武亦書殳。』故言殳以包凡兵器題識，不必專謂殳。」漢之剛卯亦殳書之類。殳，古代兵器之一種。刻於殳上之文字曰殳書。今存秦代兵器爲銘文者，如「相邦呂不韋戈」即是例。

漢興有艸書[六〇]。尉律[六一]：學僮十七已上[六二]，始試，諷籒書九千字，乃得爲吏[六三]。又以八體試之，郡移太史并課[六四]，最者以爲尚書史[六五]。書或不正，輒舉劾之。今雖有尉律，不課，小學不修，莫達其說久矣[六六]。

【六〇】艸書。張注：艸書之稱起於艸稾。其各字不連緜者曰章艸，芝以下始連緜者曰今艸。

【六一】尉律。桂馥《義證》引王應麟說：尉律者，廷尉治獄之律也。

〔六二〕僮，童字。已見。

〔六三〕諷，背誦。籀，抽繹。段注「諷謂能背誦其律之文。籀書謂能取其律之義，推演發揮，而繕寫至九千字之多」。漢志「能諷書九千字以上，乃得為史」。漢志、段注均作史。段注「乃為史，乃為郡縣史也」。「即郡縣部予之官。

〔六四〕郡移太史並課。段注「大史者，大史令也。並課者，合而試之也。上文試之以諷籀書九千字，謂試其記誦文理；試之以八體，謂試其字跡。縣移之郡，郡移之大史，大史合試此二者」。

〔六五〕尚書史。段注「尚書令史十八人，二百石，主書。字或不正，輒舉劾之，乃尚書所職。舉劾，檢舉罪過」。

〔六六〕小學，文字學。周禮「八歲入小學」，遂通曉。

孝宣時〔六七〕召通倉頡讀者張敞

從受之。涼州刺史杜業。沛人爰
禮。講學〔六八〕大夫秦近〔六九〕。亦能言之。
孝平時〔七〇〕。徵禮等百餘人。令說
文字未央廷中。以禮爲小學元
士。黃門侍郎揚雄〔七一〕采以作訓
纂篇〔七二〕。凡倉頡以下十四篇。凡
五千三百四十字〔七三〕。羣書所載。
略存之矣。

〔六七〕孝宣：漢宣帝劉詢（公元前七十三年至前四十九年在位）。

〔六八〕漢志「倉頡多古字，俗師失其讀，宣帝時徵齊人能正讀者，張敞從受之」。張敞字子高，漢河東郡平陽縣人（今山西臨汾縣南），生卒年不詳。宣帝時由太中大夫京兆尹。

〔六九〕杜業：张敞外孫，字子夏，魏郡繁陽人（今河南内黃縣東北）。小學元士、講學大夫，皆王莽時所設官職。段注「杜業在哀帝時，爰禮、秦近皆在平帝及亡新時」。

〔七〇〕孝平：漢平帝劉衎（公元元年至五年在位），被王莽殺害。

〔七一〕楊雄（公元前五十三年至公元十八年），字子雲，漢蜀郡成都郫縣人。漢成帝時封為黃門侍郎。著有法言、太玄、方言、訓纂篇、長楊賦、甘泉賦。

〔七二〕漢書藝文志曰：至元始中，徵天下通小學者以百數，各令記字於庭中，楊雄取其有用者以作訓纂篇，順續蒼頡，又易蒼頡中重復之字，凡八十九章。按漢時合蒼頡、爰歷、博學三篇以六十字為一章，凡五十五章，並為蒼頡篇，三千三百字。楊雄亦作訓纂篇，凡三十四章，二千四十字，與前相合，乃八十九章，五千三百四十字。

〔七三〕段注曰：與蒼頡已於訓纂共十四篇，蓋十四篇之都數也。五千三百四十字，字之總數也。……本稱為蒼頡、爰歷、博學、凡將、急就、元尚、訓纂七目，又析之為十四篇，其詳不可考也。梁庾元威云：蒼頡五十五章為上卷，楊雄作訓纂，記滂喜為中卷，賈升郎更續，記彥均為下卷，人偁為三蒼……按八十九章，五千三百四十字，又增三十四章，二千四十字，凡七千三百八十字。

及亡新居攝[七四]使大司空甄豐[七五]
等校文書之部自以為應制
作頗改定古文[七六]時有六書[七七]一曰古
文孔子壁中書也二曰奇字[七八]即
古文而異者也三曰篆書即小
篆秦始皇帝使下杜人程邈所
作也[七九]四曰佐書[八〇]即秦隸書五曰
繆篆所以摹印[八一]六曰鳥蟲書

所以書幡信也〔八二〕

〔七四〕亡新：公元八年王莽建立新朝（公元八年至公元二十三年）。居攝：因皇帝年幼不能親自理政，由大臣代居其位處理政務。

〔七五〕大司空：官名。甄豐（？—公元十年），漢末新朝重臣。曾助王莽奪權，後因驕傲觸怒王莽而自殺。

〔七六〕制：皇帝之命。《史記·秦始皇本紀》：「命為制，令為詔。」頗：稍微，間或。

〔七七〕六書：段注「莽之六書也，即秦八體而損其二也」。

〔七八〕奇字：即古文之異體。段注「不言大篆者，大篆即包於古文奇字二者中矣」。

〔七九〕秦始皇帝句：段注「按此十三字當在下文『左書，即隸書』之下」。下杜人程邈為衙獄吏，得罪繫雲陽，增減大篆體，去其繁複，始皇善之，出為御史，名書曰隸書。

〔八一〕佐也。長注：隸書法便捷，可以佐助篆所不逮。

〔八二〕繆篆：繆是綢繆，因其形屈曲纏繞，故名。摹印：段注：摹，規也。規度印之大小、字之多少而刻之。

〔八三〕鳥蟲書也，即上文所言蟲書也。幡，通旛也。幡信：旗幟與符節。

壁中書者，魯恭王壞孔子宅而得禮記、尚書、春秋、論語、孝經。〔八三〕又北平侯張倉獻春秋左氏傳。〔八四〕郡國亦往往於山川得鼎彝，其銘即前代之古〔八五〕文，皆自相似。雖叵復見遠流，其詳可得略說也。〔八六〕

〔八三〕壁中书：刘歆移书让太常博士曰「鲁恭王坏孔子宅，欲以为宫，而得古文于坏壁之中，逸礼三十有九，书十六篇」。艺文志曰「鲁恭王坏孔子宅，欲以广其宫，而得古文尚书及礼记、论语、孝经凡数十篇」。鲁恭王：汉景帝之子刘馀（？—公元前一二八年）之谥号。

〔八四〕张苍（？—公元前一五二年）：阳武（今河南阳原）人，秦时柱下御史，从汉后封为北平侯，任丞相。

〔八五〕古文：此处指汉代出土之周秦古代钟鼎款文。

〔八六〕匠画：词不可，此句意为难看不到文字最初之面貌，但可参详孙渊如、段注二处，可大致读明。

而世人大共非訾〔八七〕以为好奇者也故诡更正文〔八六〕乡壁虚造不可知

之書〔八九〕。變亂常行，以燿於世。諸生競說字解經誼，稱秦之隸書為倉頡時書〔九〇〕。云父子相傳，何得改易？乃猥〔九一〕曰：馬頭人為長〔九二〕，人持十為斗〔九三〕，虫者屈中也〔九四〕。廷尉說律，至以字斷法，苛人受錢，苛之字止句也〔九五〕。若此者甚衆，皆不合孔氏古文，謬於史籀。

(八七)非 非議。訾言。毀謗。

(八八)故 故意。詭。文。更改正文。段注「正文常乃世人謂秦隸書也」。

(八九)鄉壁 段注向孔氏之壁。「王筠句讀猶面牆也」不可知。王筠句讀「謂不知即不知所之說，不知義也」。

(九〇)誼 段注㠯誼連上文讀。誼義古今字。王筠句讀訂㠯誼一言。義我曰議。詐姦之言。下文連讀」。

(九一)猥 歪曲。

(九二)馬頭人為長 反智「長，甲文作長，象人頭上多長髮。篆隸作長」。上部象馬頭，下部象人字，而以說馬頭人為長。

(九三)斗 甲文作斗，金文作斗，象斗形。篆隸作升。象人持十。為斗、升字、什字相混。

(九四)屈中 甲文作乙，金文作乙，金文作乙，乙象虫形。並不是从中而屈。

(九五)苛之人受錢 段注「漢令乙為亦苛之人受錢」。

謂有治人之責者而受吏人錢。故與人監臨之吏罪。假借亦每失其本字。乃昧為一類。苛從艸可聲。假為訶字。並非從止句也。而隸書之尤俗者乃訛為苛。說律者曰。此字從止句。句讀同鉤。謂止之而鉤取其錢。

俗儒啚夫翫其所習。蔽所希（九六）聞。不見通學。未嘗覩字例之條（九七）。怪舊埶而善壄言（九八）。以其所知爲祕妙。究洞聖人之微恉。又見倉頡篇中幼子承詔（九九）。因號古帝

之所作也其辭有神傳之術焉其迷誤不諭豈不惇哉[一〇二]

[九六]番々作鄙。戲玩弄。巖蒙巖奇々作絺。

[九七]字體之係。段注謂指事、象形、形聲、會意、轉注、假借々是也。

[九八]執々藝々字。指文字典籍聖言。謂根據之說法。

[九九]究々窮々盡也。洞通達。微深刻精妙。指同旨。旨意也。旨

[一〇〇]幼子承詔。王筠句讀。幼子承詔蓋即急就篇中之一句。幼子蓋指學子。僮承詔蓋謂承師之教焉。後儒不知是急就篇為書也。因後之謂乃令命賜詔。遂謂是急就篇為古書也。

[一〇一]迷々惑然。誤々差謬。諭通曉明白。惇誠也。亂糊塗。

書曰：予欲觀古人之象〔一〇二〕，言必遵修舊文而不穿鑿〔一〇三〕。孔子曰：吾猶及史之闕文，今亡也夫〔一〇四〕。蓋非其不知而不問，人用己私，是非無正，巧說衺辭〔一〇五〕，使天下學者疑。

〔一〇二〕此句出自《尚書·皋陶謨》。「古人之象」，段注：「即倉頡古文是也。像形、像事、像意、像聲，無非像也。」象即字象。

〔一〇三〕修者，遵也。此句意為按照古代文字之傳統進行

〔一〇四〕研究而不穿鑿附會。"吾猶及"句，語出《論語·衛靈公》第十五："吾猶及史之闕文也，有馬者借人乘之，今亡矣夫！"及乃錯簡焉。闕段通缺，亡同無。

〔一〇五〕"蓋非其"句，非，非議批評。衺，段注：衺，邪也。今字作邪。《漢書·藝文志》：古者書必同文，不知則闕，問諸故老，至於衰世，是非無正，人用其私。孔子曰："吾猶及史之闕文也，今亡矣夫！"蓋傷其寖不正。

蓋文字者，經藝之本，王政之始，前人所以垂後，後〔一〇六〕人所以識古。故曰本立而道生〔一〇七〕，知天下之

至嘖而不可亂也。[一〇八]

今敘篆文，合以古籀，博采通人，[一〇九]至於小大，信而有證，[一一〇]稽譔其說，[一一一]將以理羣類，[一一二]解謬誤，[一一三]曉學

[一〇六] 藝。段注「古書藝作埶。」埶，種也。以經爲人所治，如種植於田中，故曰以藝。

[一〇七] 本立句。論語學而篇曰：「君子務本，本立而道生。」何晏說「基立而後可大業。」邢昺說「立而後道從生焉。」

[一〇八] 言天下句。引自易繫辭「言天下之至嘖而不可惡也。」「言天下之至動而不可亂也。」嘖通賾，深遠。

者達神恉〔一二四〕。分別部居。不相雜廁〔一二五〕。萬物咸覩〔一二六〕。靡不兼載。厥誼不昭〔一二七〕。爰明以諭。其偁〔一二八〕易孟氏〔一二九〕。書孔氏〔一三〇〕。詩毛氏〔一三一〕。禮〔一三二〕。周官〔一三三〕。春秋左氏〔一三四〕。論語。孝經〔一三五〕。皆古文也〔一三六〕。其於所不知。蓋闕如也〔一三七〕。

〔一〇九〕通人。或曰孔子。王筠句讀曰「云楚莊王」。韓非。司馬相如。淮南王。董仲舒。京房。劉歆。揚雄。爰禮。尹彤。逯安。王育。張林。莊都。歐陽喬。黃顥。譚長。周成。官溥。張徹。甯嚴。桑欽。杜林。衛

宏係巡班固傳」。毅，凡二十七人之說。怪，賈逵
陟也。偁，傳也。言不名」。
〔二一〇〕至於：遠詞，表示另提一事或另一時況。小大：大
大小小方面。證：與徵同義。
〔二一一〕稽：稽考。撰：小徐本作撰，亦為詮釋。王筠句
讀「具也」，必先有說，乃稽考而僎具也」。稽
當而考之，具通人之說。
〔二一二〕乃羣類：段注「羣類即許沖亦云「天地鬼神
山川草木鳥獸蟲蛇雜物奇怪王制禮儀
世間人事，莫不畢載」，皆以文字之說說明
條理也」。
〔二一三〕解謬誤：王筠句讀曰「破除俗儒鄙夫之說」。
〔二一四〕曉學，明也。達者，通也。指同旨。神恉，奧妙之
不在此處文指亦有也之義。
〔二一五〕部：部類，一居。段注「居，猶置也」。分別部。原示
相雜廁，凡分別為五百四十部也。史游急就篇分

一一六 一一七 一一八 一一九 一二〇 一二一 一二二 一二三 一二四

分部｜不ㄙ不相襍厠，厠，次也｜厠，溷也。分别部新類排列不使襍亂

萬物句　段注：史游之意以物類為經而字排之，許書之例｜字部首為經而物類排之也。

厥誼　誼同義，重字義，字形字音而言。昭，明也。

爰，於是。明，闡明。諭，告也。

偁，擧也，稱也，言徵引。

孟氏即孟喜長卿，漢東海蘭陵人，作易章句。

孔氏即孔安國，孔子後裔，同作古文尚書傳。

毛氏即毛亨，作詩詁訓傳，毛詩句讀：毛公為子夏門傳弟子大毛公亨｜，河間人，授趙人小毛公萇｜，為河間獻王博士。

禮　段注：古禮之禮，唐以後謂之儀禮，不言周者，言禮以該周也｜。

周官　周官經即今周禮。

春秋左氏　王筠句讀：許引左氏，直謂之春秋。

傳至於春秋公羊。春秋國語皆為古文也。
故亦引書、春秋亦見之，春秋傳甚已見，不用公
蓋孝經文也」

〇一二五孝經桂馥義證「孝昭帝時魯國三老所
獻，建武時給事議郎衛宏所校」

〇一二六古文 長注：「言古文以該大篆也。古古之言古文，
者為二，一見序中，程邈一見於石經，頗亦為文字」

〇一二七見於何。見論語子路篇「君子於其所不知，
蓋闕如也。」長注：許書中多著闕字，為二闕
形音義全闕者為三，若中闕形為二闕
為一者」

敘曰：此十四篇，五百四十部，九千
三百五十三文，重一千一百六十三。

解說凡十三萬三千四百四十一字。其建首也。立一為耑。方以類聚〔一三〇〕。物以羣分〔一三一〕。同牽條屬〔一三二〕。共理相貫〔一三三〕。雜而不越。據形系聯〔一三四〕。引而申之〔一三五〕，以究萬原。畢終於亥。知化窮冥〔一三六〕。

〔一二八〕叙曰。段注ではこれを巻二九全序の開頭。

〔一二九〕十四篇。段注「許不云十五卷也。許子沖乃合十四篇及敘偁十五卷以獻」。後漢書儒林傳「初許以五經傳說臧否不同，於是乃撰為五經異義，又作

〔一三〇〕說文解字十四篇以傳於世：據清胡秉虔說文管見敍計之，傳寫本說文正篆九千四百三十一字，重文一千二百七十九字，皆多於許氏自敍；解說十二萬二千六百九十九字，少於許述。正篆增多者，殆係後人隱竄增補而致；說解減少，為傳抄脫奪等歷代改刪之故。

〔一三一〕建首：王筠句讀「建，立也」，謂立五百四十字為首也。耑，開端。王筠句讀「與下文畢終於亥相呼應」。謂建首始一終亥也。

〔一三二〕方四句：易繫辭上「方以類聚，物以羣分，吉凶生矣」。類聚、羣分，專指其字之形義為根據而排列字形，構類聚、羣分為互文，皆並義相同。包括一，五百四十部首排序，多以類相聚。二個字構義存於同部，三相一部首序字亦據詞義相近為況。段注「類聚謂同部也，羣分謂異部也」。王筠句讀「類聚羣分，謂其義相況也。乃事分區以形相況」。

〔一三三〕「同牽」句。大徐本作「同牽條屬」。小徐本作「同條牽屬」。句子結構言。小徐本之王筠句讀字說同義。只如因本生枝，由枝生葉，自然條理相連貫是也。

〔一三四〕雜而不越。出自易繫辭下「其稱名也，雜而不越」。雜指各種類部，相互配合，此處文指部。況字況。

〔一三五〕引而申之。義注謂由一形引之，至五百四十形也」。

〔一三六〕畢終同義連用。徐鍇繫傳曰「亥生子，終則復始。說始於一，究終於亥。亥者，物之該也。故曰冥窮。冥人也」。義注畢。猶竟也。易繫辭下「窮神知化，德之盛也」。桂馥義證「冥與耑、分、貫、申、原為韻」。

于時大漢聖德熙明，承天

稽唐[一三八]。敷崇殷中[一三九]。遐邇[illegible]澤。洿衍沛湧[一四〇]。廣業甄徵。學士知[一四一]方。探賾索隱。廞誼可傳[一四二]。

[一三七]于時句。于，語氣詞。熙，光明。熙明出自詩「學有緝熙於光明」。

[一三八]承天。王筠句讀「承天」者，奉天承運也。稽唐，即稽古同天之義，謂漢以堯為祖也。

[一三九]敷崇句。王筠句讀「敷，布也。崇，高也。殷中，即以殷仲春，殷仲秋，由仲春秋以該冬夏也。堯以為承天授時為首，故敷崇殷中，見稽唐之實也」。此言漢秉承欽天勤民。

[一四〇]洿衍，洪大之水。澎洿，厚長。注「衍」，如水澎之來泛溢也。

【一四二】

沛滂。壯闊之狀。沛，段注：水之又至於艸木之末也。

滂，大水湧流。

廣業，王筠句讀：光武王莽立五經十四博士，初建三雍，是謂廣業；肅宗大會諸儒於白虎觀，考詳同異，是謂甄微。之與上故人亦不向方也。

【一四三】

廣，擴也。大甄。嫉養遠能。

探嘖句。嘖（賾），深奧玄妙，隱精微深奧。厥誼，皆句讀。「誼，古義字」，謂文字之義者乃及此時傳之也。

粵在永元，困頓之年，孟【一四三】陬之月，朔日甲申【一四四】。曾曾小子，祖自炎神【一四五】。縉雲相黃，共承高辛，太【一四六】

嶽佐夏呂叔作藩【一四八】，俾侯于許【一四九】，
世祚遺靈【一五〇】。自彼徂召【一五一】，宅此汝潁【一五二】。

【一四三】粤在：粤，通「曰」，句首語氣詞。永元：漢和帝年號。困頓之年：即漢和帝永元十二年，歲在庚子。《釋天》曰：「太歲在子曰困頓。」

【一四四】孟陬：同義複合。孟，四時之首月。陬，正月為陬。朔：陰曆每月初一。甲申：六十甲子之一，這裏用以紀日。

【一四五】若曾孫：王筠《句讀》：若，若已也。孫，子系於子者若於孫。侍凡羕祖句言若羕，許遠適槐曰若孫若曾日若許，乃之介詞。炎神：炎大帝，神農氏。段注本姜水，因以為姓。

【一四六】縉雲：段注引賈逵《解詁》（左氏）：「縉雲氏，姜姓也，炎帝之苗裔，當黃帝時任縉雲之官也。」

〔一四七〕段注共古音恭，謂共工也。共工炎帝之後，姜姓
也。顓頊氏衰，共工氏侵陵諸侯，與高辛氏爭
王也。承者牽手也，二更也。桂馥義證「帝嚳代顓
頊氏者歸高辛」。王筠句讀：許乃云承共
者爭王之言，言當高辛時為諸侯也。
〔一四八〕太岳山 段注共之從孫四嶽佐伯禹，左傳言大岳山，亦
曰四岳，皆謂一人，非謂四人。王筠句讀：太岳，神農之後
呂叔句。長注大山嶽，姜姓，為禹之臣，故封呂
侯，取其地名，與呂姜義合也。呂侯歷夏商
之季而國微，故周武王封文叔於許以為周藩
屏。呂叔謂文叔也。文叔者生於呂，故謂之呂叔。藩
屏，屏障。
〔一四九〕俾使許 周國名，故址在今河南省許縣。
〔一五〇〕世祚句 段注祚，福。時，時為猶當之意。言高辛時
為共工，夏禹時為太岳，周時為呂叔也。此之謂
式祿霊 段注霊之言令也，令，善也。

〔一五二〕自彼句。段注謂自許往遷。汝南召陵縣也。漢時召陵爲萬歲里，許氏所居也。召陵縣故城在今河南省郾城縣東三十五里。左傳成公十五年許靈公畏偪於鄭，西遷於葉。即指西遷。徂召陵。徂，往。

〔一五三〕宅此汝瀕。段注：瀕，厓也。宅，居也。居此汝水之厓。蓋自文叔以下廿四世爲戰國初楚已滅之後爲西遷召陵者，爲許氏之先。

竊卬景行〔一五三〕，敢涉聖門〔一五四〕。其弘如何？節彼南山〔一五五〕。欲罷不能，既竭愚〔一五六〕才。惜道之味，聞疑載疑〔一五七〕。

演讚其美[一五八]，次列微辭[一五九]，知此者稀，儻昭所尤[一六〇]，庶有達者理而董之[一六一]。

[一五三] 白獨謹亂爲詞。卬景行行，詩小雅車舝「高山仰止，景行行止」。此又隱括二句而不備之。景行，大道也。止，語末助詞。

[一五四] 聖門。段注凡造之亦蘇云之，五帝三王周公孔子古氏及亦不切史文，稱之門庭也。

[一五五] 節彼南山。見詩小雅節南山「節彼南山，維石巖巖，赫赫師尹，民具爾瞻」，此即高峻如南山。段注言夫子聖門之大，比於南山之高峻也。

[一五六] 兀巍同義，巍亦兀兀也。

〔一五七〕了終句。長注間終而截之于此，以俟後考。

〔一五八〕人乃子」演贊句。長注演長也。演凡推廣之曰演。志表識也。古志識同字。贊告說明。

〔一五九〕次列徵辭」桂馥義證謂先徵兼訓後綴已說。徵辭謙稱已說。

〔一六〇〕儻或許。尤通錯。長注云此逆免趾志矣。稍誤。此古語叫自信，若或明昭通誤之處，差而語正乎。

〔一六二〕廣希聖達。兼通人精通文字學之學者。理治董正。

說文解字部首篆書異形攷

說文解字爲東漢學者許慎所撰。成書於漢和帝建光元年（公元一二一年），是中國現存最早、規模最大、內容最豐富、體例最完備的字書。說文解字成書之後至今，一直是學者治經研史的必讀書。由於說文解字的字頭採用小篆，正文又收入先秦時期的古文和籀文，爲篆書書寫樹立了標準字形，歷來是篆書書寫的準則。在中國書法史的演化中影響深遠。

說文解字最重要的特點之一是用五百四十個

部首將九千多個漢字作了系統的整理，分別部居，不相雜廁，開創了中國漢字部首分類的先河。所以從說文部首入手學習古文字的學和傳習篆書也逐漸成爲漢魏之後學者的共識。說文解字字頭及部首篆書字法的主要來源为秦統一之後的篆書，即倉頡篇，爰歷篇和博學篇。當然亦受到秦文隸變文和東漢時期古文之學的影響，因此其字法並非單純的秦小篆。

唐代李陽冰已經認識到說文字頭包括部首的篆書字法的復雜性，基於秦小篆乃小篆源頭的認識！李陽冰試圖用傳世秦小篆的材料校改說文字頭及部首的篆書字法並進行了實踐，形成了李陽冰校改本說文解字。（二）

這一做法遭到北宋初年學者的嚴厲批

許，認爲有擅改經書之嫌。因此徐鉉、徐鍇兄弟兩人致力於說文解字的整理和校訂。以恢復說文解字原貌爲宗旨。最終形成了大徐本說文解字和小徐本說文解字繫傳。其中大徐本說文解字基本按說文原貌呈現。前有說文解字標目。分爲十四部分。每個部首輔以反切注音，中間爲正文。亦包含了五百四十部首的全部篆書字形，後又有五百四十部首，每部首加以編錄順序。大小徐本說文解字均得以雕版印刷的形式廣泛傳播，並有便於檢索的說文解字韻譜及說文解字五韻譜輔助求通。因之李陽冰傳本遂漸湮沒。〔三〕與此同時。關於說文部首偏旁的研究亦開始出現。目前所見最早單獨成篇的說文解字部首著述爲僧夢英的篆書目錄偏旁字源碑。夢英書法傳承自李陽冰。亦多自己的特點。代表了北宋時篆書的水準。但從字法的典範性和風格的原始性方面來看。北篆書史上第一流的作品。所以僅僅被刻碑並匿入西安碑林，終不能為百代楷模。〔三〕元明時期說文之學雖代有傳人。然終於未超邁前人之秀文。清代樸學大盛。說文之學也由此興盛。至清代晚期。說文部首研究和傳抄一時蔚然成風。出現了楊沂孫。胡澍。吳大澂。王福庵等四家的說文部首書法。影響及于當代。

然從實際存世的宋刻元修本。孫星衍校勘本。陳昌治重抄本來觀察。大徐本說文解字內所收三部分部首篆書。不僅各本之間有異形。同一書中前中後之間亦有異形。並偶有錯訛之形。顯示了說文解字字在流傳過程中篆書字法傳」承的復雜性。晚清以來的四家說文部首傳抄中篆書字法亦各有傳承。在字法變化中又引入了新發現的古文字材料。顯示了篆書字法演化的規律。

而化為說文解字部首篆書的研究。字形考訂仍然是首要解決的問題。前賢雖有四冊〔四〕多關於說文字頭篆書字法異形的研究。然說文部首篆書字法異形問題仍未完全釐清。

本文以」宋刻元脩汪中藏本、宋刻元修王昶藏本、孫星衍校勘宋本。陳昌治重排本為傳」刻說文部首的典型〔五〕」楊沂孫、胡澍、吳大澂、王福厂四種墨蹟為傳抄說文部首的典型〔六〕，統計的十二組典型篆書異形異同比攷訂如下〔七〕

㈠說文解」字部首第二下之「行」字

汪本、王本、孫本、陳本、胡本均作「[illegible]」，楊本、吳本、王福厂本皆異形作「[illegible]」。考「行」字，商代甲骨文作「[illegible]」

形（後二·三·一二合四九〇三賓組）。西周文字作「𧗟」形（西周晚期虢季子白盤銘文，《集成》一〇一七三）；戰國時期有作「𧗟」者（戰國早期冉鉦鋮銘文。《集成》四二八）。戰國時期世乙以㠯文有作「𧗟」形者（包然）。傳抄古文有作「𧗟」形者（汗一·一〇）、戰國時期秦文字均作「𧗟」形（睡·秦三）。可見，說文刻本字法「𧗟」來源於春秋戰國時期六國文字，取古文而立，可目為正體。「𧗟」為商周時期及東周時期秦文字內字法。可以作為異體來看待。由此，說文中與「辵」走有關的偏旁，如「彳」類化為「𧗟」，「辵」類化為「𧗟」，均有古籀兩種寫法。從古文者為正體，從籀文者為異體。

（二）說文解字部首第三上之「言」字，洋本、王本、孫本、陳本前目、後目均作「言」，內文字頭作「言」。楊本、胡本、吳本、福本均作「言」。

考「言」字，商代文字有作「言」形者（甲四九九、合三〇一九七）。西周文字有作「言」形者（西周早期伯矩鼎，銘文集成二四五六）。戰國楚簡有作「言」形者（郭·緇·四五）。戰國時期秦文字有作「言」形者（睡·秦·二）。亦有作「言」形者（睡·語·一二）。秦統一文字有作「言」形者（秦泰山刻石）。可見「言」爲古形。「言」形爲戰國時期隸變而成。加之傳本泰山石刻字形亦作「言」形，因此，說文部首正字當作「言」形爲是。「言」形則可定爲或體在說文部首中。另有「誩」、「音」二字與此情形類似，「言」體中，應作「誩」、「音」爲是。各傳本文字可依此校正。

㊂說文解字部首第三下之「㼱」字

汪本、王本、孫本、陳本均作「㼱」，從瓦。說文篆文作「㼱」，亦從瓦。楊本、胡本、吳本、祁本均作「㼱」。說文：柔韋也，從北，從皮省，從夐省者。凡㼱之屬皆從背，讀若費。一曰若售。臣鉉等曰：從北者，反復乖治之也[八]。按字形傳承，應從「皮」，亦為是。段注謂反也。非目非瓦。今隸下皆作頁云。古文背作「𠬝」，從皮衣，從人治之。籀文背作「䝮」，從「䝮」者，下從皮衣，上從「䝮」者[九]，此字字形當從清代學者考據之成果改為「䝮」。校改原則以說文原本解釋為依據，符合以經釋經的原則。

（四）說文解字部首第四下之「耒」字

此字孫本作「耒」。陳本相承，汪本、王本前目皆異形作「耒」。考「耒」字，商代晚期金文耒父乙爵作「𠂇」。傳抄古文作「耒」，乃說文部首「耒」形所本，而說文部首「耒」形未見於先秦文字。在秦文字中，「耤」可作「耤」（雲夢秦簡），在漢印文字中，「耤」字可作「耤」（印舉），耒字在漢北海相景君碑中作「耒」，可見在隸變影響下，「耒」形可亦為「耒」

形，因此，可將「耒」看成「耒」之異體。

百（五）說文解字部首第九上之「百」字

字，汪本、王本、孫本之前目、後目均作「百」形，内

文字頭作「酉」形。陳本前目、後目作内文均作「酉」形，並

在說文校字記一中曰：「酉」誤作「百」。考說文二百中，

凡酉之屬，皆從酉，讀若莤字之形、義解釋均確。

汪本、王本當為傳抄所誤，陳本校改恰當。楊本、胡

本、吳本皆書為「酉」形，並誤。孫本仍作「百」形，不確。

當據陳本改。

乃（六）說文解字部首第五上之「乃」字

字，汪本、王本、孫本、陳本之前目、後目均作「乃」。

内文字頭作「了」。楊本、吳本作「了」，胡本作「弓」，孫

本作「弓」。

改「乃」字。商代文字作「了」（菁三·一合一〇四〇五賓組）

西周文字作「了」（西周中期師酉簋銘文，集成

四二八八），戰國時期楚系文字作「了」（郭·唐·九），戰

國時期秦簡作「乃」（睡·法二七），亦有作「𠄎」（睡·秦八八）。説文古文作「𠄎」，籀文作「𠄎」，漢印一爲作「乃」者（臣乃始印·分韻），漢代隸書均作「乃」形（東漢鄭固碑）。可見「乃」形爲受隸變影響而成。又説文解字第十五下徐鉉所記「乃」本作「乃」，左旁不當引筆下垂，蓋篆作筆勢如此。後代因而不改。綜合以上所述，「乃」之部首正體當作「乃」形，「𠄎」形可看作之異體字。

⑦説文解字部首第五上之「鼓」字

此字汪本、王本作前目「鼓」形，內文字頭作「鼓」形，段目作「鼓」形，孫本、陳本前目作「鼓」，內文作「鼓」，而傳抄之楊本、胡本、吳本均作「鼓」，祁本作「鼓」，傳抄之異形本自説文刻本。

攷「鼓」字，商代文字有作「鼓」（甲一一六四）形者，西周文字有作「鼓」（西周中期𤼈鐘銘文·集成二四八）形者。春秋戰國文字有作「鼓」形者（春秋晚期沇兒鎛》銘文·集成二〇三）、說文》籀文作「鼖」，傳抄古文者作「䵻」形者。

又。說文部首「壴」字，汪本、王本前目、內文均作「壴」。本自商代西周文字。可見，「鼓」字說文部首正體當定為「鼓」，「壴」餘各形當為受春秋戰國文字字形影響所變文異而成。均可視為異體。

（八）說文解》字部首第五下之「高」字

此字汪本、王本、孫本、陳本均作「高」形，楊本、吳本作「高」形，胡本、福本作「高」形。

攷「高」字，商代文字或作「高」形（甲五五一合三三一三八）、或作「高」形（甲五六五合三〇四六五）。西周文字或作「高」形（西周晚期駒父盨蓋銘文·集成四四六四）或作「高」形（西周晚期叔高父匜銘文·集成一〇二三九）、春秋時》期秦文字作「高」形（春秋中期秦公簋》銘文·集成四三一五）、春秋時期亦多作「高」形者（春秋高密戈銘文·集成一一〇二三）、戰國時期楚系文字或作「亯」形（曾一七○），或作「亯」形（郭·老甲一八）。戰國時期秦系文字或作「亯」形（睡·秦五二）或作「亯」形（睡·秦一九五）。可見，從商代晚期開始，「亯」和「亯」兩形一直並行演化。說文宋本均作「亯」形。說文篆韻譜亦作「亯」形。可見「亯」形傳承有自，當作正字。而「亯」形可作為異體。

另，亯、亯、㫗、畗等部首字與高字情況相似，其小篆正字分別作「亯」、「亯」、「㫗」、「畗」，則其異體可分別寫作「亯」、「亯」、「㫗」、「畗」。

（乙）說文解字部首第八下之「兒」字

「兒」字，為「人」之異體。說文：「仁人也。古文奇字人也。象形。孔子曰：在人下，故詰屈。」凡兒之屬皆從兒。此字始見於篆文。徐灝認爲，其形既像人形，斷無支解其體之理，應是「几」字的異構。據此，其上像手臂。下像彎曲的身子，下腳據具

體的實象造字。左氏書中屬於象形。戴侗謂
爲「亻」「儿」二字。特因所合而稍變其勢，合於左
者，若伯若仲，則不變其本文而爲人；合於下者，
若兒若見，則微變其本文而爲儿形。【十五】
汪本、王本、孫本均作「儿」，陳本前目、內文作「人」，後
目作「儿」，楊本、吳本、弼本作「人」，胡本作「儿」。故「人」字，
商代文字有作「亻」（甲七九二合二七〇一八）形者，亦有作
「⺈」（鐵一九二·一合一〇八六九）形者。西周文字有作「亻」
（西周晚期散氏盤銘文·集成一〇一七六）形者，亦有
作「亻」形者（西周晚期虢叔盨銘文·集成四三八九）。
春秋戰國文字有作「⺈」形者（包二·八四），亦有作「亻」
形者（包二·二六八），傳抄古文有作「儿」形者（海一·二三），
有作「儿」形者（汗三·四二），亦有作「儿」形者（隸），三形
兼備。
說文成書之時，正逢古文經學大盛，因此多
有取古文之異體字爲字頭者。說文特立「儿」

字部既是一例。由此部出立。史一組有「貝」形在它中的字，其「貝」形部分皆得類化，如「沢」、「洗」、「貝」、「兆」、「先」、「禿」、「見」、「覞」、「欠」、「飲」、「次」、「旡」、「頁」、「須」等字的下半部分均得從「儿」，而說文抄本中從「儿」形者，皆可作爲篆異體字看待。

（十）說文解字部首第十下之「亢」字

此字說文汪本、王本、孫本、陳本前目、後目均作「亣」或「亣」。可視爲同一形體。內文字頭均作「亣」，而傳抄出楊本、吳本、福本均作「亣」形，胡本作「亣」形。各有所本。

考「亢」字，商代文字或作「亣」形（佚九五四合二〇三一八組），或作「亣」形（商代晚期亢甗銘文·集成七三三六）。西周文字有作「亣」形者（西周早期矢令方彝銘文·集成九九〇一）。戰國時期秦系文字或作「亣」形（睡·日乙九七），或作「亣」形（睡·日乙一二九）。傳抄古文「亣」（汗簡），而在漢印中才出現「亣」

(漢印徵)形。東漢隸書才出現「宂」形(熹平石經)。唐代李陽冰篆書「宂」作「宂」形,宋代說文篆韻譜「宂」作「宂」形。皆本漢代以後出現的篆隸形體。

又,說文所收「㐽」、「沆」、「㐽」、「魧」、「抗」、「炕」、「伉」、「閌」、「犺」、「邟」等字的「亢」形部分,汪本、王本、孫本、陳本皆作「亢」,可見「亢」字作「亢」形乃受隸變影響而後晚出之形。其正體當作「亢」、「亢」形可定為異體。

(十一)說文解字部首第十一下「泉」字

此字汪本、王本、孫本前目、後目均作「泉」,內文作「泉」;陳本前目、內文作「泉」,後目作「泉」,而傳抄之楊本、胡本、吳本、福本則均作「泉」。

按「泉」字,商代文字或作「泉」形(前四·一七·一、合二一二八二、自組),或作「泉」形(後二·三·六、合八三七三),戰國時期楚系文字作「泉」形(包二·一四三),戰國時期秦系文字作「泉」形(商鞅方升),傳抄古文作「泉」形。

說文解字篆韻譜亦作「泉」形，所見「泉」之古文字字形均與商代文字一脈相承而作「泉」形。漢代篆書中並作「泉」形者，目前所見除宋本說文外，北宋蘇唐卿篆書醉翁亭記中「泉」作「泉」形，可見「泉」為後起之形體。可以看作是「泉」的異體。說文部首當以「泉」為正體。

（十二）說文解字部首第十四下之「厽」字

此字汪本、王本、孫本並前目作「厽」形，內文與後目作「厽」形。陳本並前目、內文、後目均作「厽」形，傳抄楊本、胡本、吳本作「厽」形，顧本作「厽」形，各有所本。考「厽」字在出土古文字中未見，傳抄古文作「厽」形（汗簡）。從「厽」之「絫」字，說文汪本、王本、孫本、陳本均作「絫」。所從「厽」部作「厽」形，漢印文字亦傳承「厽」形，作「絫」（漢繆篆分韻）、傳抄古文作「絫」（三體石經），說文解字篆韻譜作「絫」所從「厽」部作「厽」形，顯然受到傳抄古文形體的影響。從「厽」之「壘」字，說文作「垒」，所從之「厽」亦作「𠁁」形。說文「厽」之釋義爲「絫坺土爲牆壁，象形。凡厽之屬皆從厽」，則「𠁁」乃爲壘土之形，可以認爲「厽」字說文部首篆書正字當作「𠁁」形，「厽」形可當作異體看待。

從以上整理可得說文解字部首篆書典型異形考證的結論表，從中可見，說文部首篆書異形的形成主要有三種情況。一是傳抄訛誤，如「背」「百」之誤，當從善而改之。二是說文傳抄過程中取古今不同字形而成。目前所見有取籀文者，有取古文者，亦有取漢代篆隸的。可根據其形體演化的規律確定正體與異體。三是說文傳抄過程中加入漢代以後篆書的寫法。中有受傳抄古文寫法影變而發生類化的。這部分異體字雖非古形。但亦可擇善而從。使之成爲篆書書寫傳統的一部分。

說文解字部首異型篆書異形表

隸定字形	擬定說文部首篆書正體	擬定說文部首篆書異體	說文部首傳抄鍇訛字
行	行	行	
言	言	言	
㲋	㲋		㲋
束	束	束	
丙	丙		丙
乃	乃	乃	
鼓	鼓	鼓鼓鼓鼓	
高	高	高	
兒	儿	儿	
亢	亢	亢	
泉	泉	泉	
厽	厽	厽	

註釋

〔一〕趙錚指出，民國期間上海碧石格山莊石印本篆文大觀爲書賈拼湊說文解字篆韻譜和大徐本說文部首而成。書中所謂李陽冰所傳寫的說文部首當不可信。見趙錚：篆文大觀系僞託之作，說文研究二〇〇五年第一期，第四〇～四三頁。

〔二〕〔宋〕徐鍇篹：說文解字篆韻譜，明李顯刻本。有民國間叢書集成初編影印本。〔宋〕李燾賈端修篹：說文解字五音韻譜，明嘉靖十一年孫甫刻本。

〔三〕關于說文偏旁字源的資料，可以參看何山：說文偏旁字源研究，辭書研究二〇二六年第四期，第七七～八四頁；趙力光：篆書目錄偏旁字源碑，上海古籍出版社二〇二二年第一版。

〔四〕可參看董婧宸：孫星衍平津館仿宋刊本說

文解字攷論》，《勵耘語言學刊》二〇一八年第一期。《說文述段玉裁》、孫星衍、嚴可均、顧廣圻校勘《說文解字》字篆書字形甚詳。關於《說文解字》篆書異形的研究，當代學者周祖謨及其弟子王貴元亦有頗多成果，可參看周祖謨《問學集》·中華書局一九六六年第一版、王貴元《說文解字校箋》學林出版社二〇〇二年第一版。

〔8〕本文所選大徐本《說文解字》四種分別為（一）汪中所藏宋小字本。本文簡稱「汪本」，現為中國國家圖書館所藏。影印本有中華再造善本和國學基本典籍叢刊本。（二）青浦王昶所藏宋小字本。本文簡稱「王本」，現藏日本靜嘉堂文庫。影印本有續古逸叢書本和四部叢刊本。（三）嘉慶十四年（一八〇九年）孫星衍重刊宋本。本文簡稱「孫本」。有平津館叢書本。影印本有叢書集成本。（四）同治十二年（一八七三年）陳昌治刻一篆一行本。本文簡稱「陳本」。

首中華書局影印本。

〔六〕本文所選晚清所傳寫説文解字部首墨蹟本四種。其中楊沂孫所書篆籀稱「楊本」，胡澍所書篆籀稱「胡本」，吳大澂所書篆籀稱「吳本」，王福厂所書篆籀稱「福本」。楊本、吳本、福本均另有中國書店影印本，胡本有刻本存世。另有閔興潘已編，篆書説文解字部首四種，浙江人民美術出版社二〇一四年六月第一版。收入以上四種説文部首抄本。

〔七〕爲節省篇幅，改訂中所引用字形的文獻出處一律用簡稱，並省略版本信息。如殷周金文集成簡稱集成，甲骨文合集簡稱合。睡虎地秦墓竹簡稱睡。十鐘山房印舉簡稱印舉。繆篆分韻簡稱分韻。郭店楚墓竹簡稱郭。曾侯乙墓竹簡稱曾。包山楚墓竹簡稱包，漢印文字徵簡稱漢印徵。部分字形通標有出土文獻或字書的編號。另，「前目」指大徐本説文中前部所收部首目録，內文」指大徐本說文正文字頭，「後目」指大徐本說文後部——所收說文部首目錄。

〔八〕〔漢〕許慎撰，〔宋〕徐鉉校訂：注音版說文解字，中華書局二〇一五年六月第一版，第六一～六二頁。

〔九〕〔漢〕許慎撰，〔清〕段玉裁註，許惟賢整理：說文解字註，鳳凰出版社二〇〇七年十二月第一版，第二一七頁。

〔十〕〔漢〕許慎撰，〔宋〕徐鉉校訂：注音版說文解字，中華書局二〇一五年六月第一版，第三二五頁。

〔十一〕〔漢〕許慎撰，〔宋〕徐鉉校訂：注音版說文解字，中華書局二〇一五年六月第一版，第六九頁。

〔十二〕〔漢〕許慎撰，〔宋〕徐鉉校訂：注音版說文解字，中華書局二〇一五年六月第一版，第九五頁。

〔十三〕〔漢〕許慎撰，〔宋〕徐鉉校訂：注音版說文解字，中華書局二〇一五年六月第一版，第一七四頁。

〔十四〕〔清〕徐灝：說文解字注箋，卷八下。中國初年京師補刊本，第一六頁。

〔十五〕〔宋〕戴侗著，黨懷興、劉斌校。六書故。中華書局二〇一五年六月第一版。第一二六頁。

〔十六〕〔漢〕許慎撰，〔宋〕徐鉉校訂。注音版說文解字，中華書局二〇一五年六月第一版。第三〇八頁。

此文原載中國書法·書學二〇一九年第五期第一六六—一六九頁。署名：翟愛玲、吳曉明

釋文

漢字演化述略

吴曉明

漢字是獨一無二的文字體系，在世界文字歷史中占有特殊的地位。漢字演化可以分為三個階段。一為漢字起源階段，時代從黄帝時期至夏商之際；二為古文字演化階段，時代從商代至秦漢之際；三為今文字演化階段，時代從西漢至魏晉時期。以下詳述之。

第一為漢字起源階段。

這一階段是傳説與史實交織的時期。世界上大部分古文明最終都産生了文字，但是現存和曾經使用過的文字幾乎都演化成了字母表音文字，當然也有例外，如東巴文還保留着圖畫文字的特徵，但它是未完成的文字形態。漢字屬於基本獨立演化而成的原創型文字體系，當然不排除其産生過程有一些外來影響，但一定不是輸入型的文字體系。

從現代考古資料來看，新石器時代晚期由於農業的發明導致陶器大量生産，而在陶器、玉器上刻畫符號，並成為世界範圍（內）的普遍現象。目前發現的陶器和玉石器上的符號包含抽象符號和象形符號兩大類，中國區域內大汶口文化、仰韶文化、良渚文化等陶器和玉器上發現的情況也類似，但這些符號目前均不能確認為成熟的文字體系，只能認為是漢字形成的可能來源。那麼漢字的起源究竟應該如何去認識呢？

關於漢字起源，東漢許慎在《説文解字叙》中認為與伏犧創八卦、神農氏結繩記事等有前後相承相因的關係，而文字創生為黃帝時期的史官倉頡完成。黃帝時期距今五千年左右，正是中國文明形成時期，文獻所記文字演化的情況多有後世加工的痕跡，但在未有足夠考古出土材料證明的情況下，關於漢字起源的認識應建立在去古未遠的早期文獻記録基礎之上。

司馬遷認為黃帝之前的歷史，文獻不足徵，闕而不論，因之在《史記》中確立了從黃帝時期作為信史開端的傳統，這種認識至今未發生根本性的變化。中國近百年的考古，尤其是近七十年考古的主要目標之一是實證中華五千年的文明史，良渚遺址考古及其意義正在於此。而文明的成長必然伴隨文字的產生，倉頡造字的傳説即與此有關。

那麼是否可以這樣推測，黃河流域所誕生的易八卦形成了以陰陽兩個最簡約符號演繹而成的關於天地萬物規律的圖像，由此從伏犧開始至黃帝時期形成了卦象、文字、繪畫三大符號系統，三者均在易象之理的統攝之下。誠如顏延之所述：圖載之意有三：一曰圖理，卦象是也；二曰圖識，字學是也；三曰圖形，繪畫是也。卦象統攝文字和繪畫是中國文字和藝術史的重要特點，在黃帝時期，受卦象思維影響，以早期象形符號為主體，形成了成熟的文字體系。而卦象與文字的關係為黃河流域文明所獨有，所以這種文字起源觀能解釋漢字的源起，不一定能解釋世界上其他文字的起源。

第二為古文字演化階段。

這一階段經歷了商代、西周、春秋戰國和秦漢之際，是漢字歷史上最複雜的演變期之一。

目前所見早期成熟的漢字系統是晚商甲骨文和金文。商代晚期文字總體上屬於巫史文字，甲骨文以占卜功能為主，金文以記史功能為主，而先周時期周人所使用的甲骨占卜文字即習自殷人。商代甲骨文因材質特殊，結構稍取簡便方折，而金文則因製作原因文字大多未取簡便。有些學者認為金文為正體，甲骨文為簡體，此説未必準確，但作為甲、金區別性認識亦可成一家之言。另商代金文中的圖像文字則具有更多的象形性，類似美術化的文字。

雖説商代文字是目前所見最早的成熟漢字體系，但目前所使用的漢字與西周文字的傳承關係更直接，原因是在商周之際中國文化有一個重大的變遷，這種變遷甚至改變了文字使用的基本性質，學術界將其稱為「商周之變」。其變主要表現在統治形態上，商代以巫王共治為特徵，這與中國境内其他早期文化形態一脈相承，也與世界範圍的早期文明相一致，甲骨文即巫與王占卜所遺留的文字。

商人以祭祀上帝為中心建立起神權統治，非商族人常被作為人牲、人殉用於祭祀。周文王長子伯邑考即作為犧牲被商紂王殺害，西周人對此有刻骨銘心的仇恨與痛苦記憶。所以西周立國之後徹底毀棄朝歌，同時在文化上革故鼎新，以周易系統和禮樂制度取代商朝之占卜和祭祀傳統，因之甲骨占卜逐漸失傳。

西周以禮樂為主體的文化改變了文字使用的性質，周人最初繼承了商人占卜文化，西周初年之後被廢棄，以禮樂制度的構建完成了中國文化人文化的重要變革。因此西周文字的使用以禮樂為特點，主要傳達典雅莊重的氣質，大部分青銅器是禮器，銘文亦與禮的活動相關。西周分封治天下，天子與諸侯之間的特定關係需要通過一系列的儀式性活動維繫，如天子的告朔與賞賜、諸侯的述職與朝貢均以禮樂形式完成，這個過程對文字的使用主要是禮樂需要，没有對文字書寫效率的强烈要求。

西周對商文化的變革，導致《周易》逐漸成為西周文化的基石，這不僅使文字與卦象的聯繫進一步深化，亦使商代甲骨文占卜術及其文字逐漸湮没在歷史之中。司馬遷對這一文化現象已無法準確闡釋，以至於在《史記·龜策列傳》中對甲骨占卜源流語焉不詳，而東漢時期許慎的《説文解字》中亦未提及甲骨文。

西周文字則直接為東周及秦漢所繼承並通過《説文解字》得到記録和傳承，《説文》中所録籀文即來自西周文字的字書《史籀篇》。多數學者認為《史籀篇》為字書之源及文字整理之始，相傳為西周晚期宣王時産生的，此説雖不能確證，但大致能推測文字整理作為禮樂重光的標誌之一，可能是宣王中興的重要組成部分。

商周之變是中國文字演化的重要轉折點。一方面文字的性質從巫史向禮樂轉換，另一方面文字的使用開始下移，從巫史向貴族子弟及諸侯擴展。正體與俗體之區分是文字從中央到地方，從巫史向國人轉換的結果，在西周時期文字已經有下移和擴散的趨勢，地域化、俗體化逐漸出現，當然西周禮樂文化對文字使用的約束始終强大，所以西周時期文字的變化相對緩慢。

春秋時期楚國開創的郡縣制度徹底改變了西周文字以禮樂為主的使用性質，文字使用下移至郡縣官吏，同時對文字書寫的效率提出了要求，這兩個因素是春秋戰國文字變異之主因。至此，文字異形、草化或曰隸變、篆變勢不可擋，由此至戰國時期形成了西土秦系與東方楚、晉、齊、燕共五系文字。

文字使用的下移使文字不免朝着通俗化方向演化，而通俗化是字體演化的主要動力之一，戰國時期文字劇烈的變化也是（與）文字大規模下移和使用相關，郡縣制使中央和地方的文字使用方式發生了巨變，中央和地方之間開始出現了大規模的文書往來，取代了禮儀性的文字應用。尤其是戰國晚期頻繁的戰爭，使文字的使用有了强烈的效率要求，書寫速度被放在優先考慮的位置。禮樂式文字有繁複的製作過程與美術化傾向，而戰國晚期的手寫體則顯現了對書寫速度的追求。戰國時期秦國的文字使用下移十分明顯，如在睡虎地秦簡中發現了普通士兵的家書及大量低級官吏書寫的文書。

當然這些現象的出現與春秋晚期的教育變遷有重要關係，孔子所倡導的「有教無類」教育思想使文化得到空前的普及，《論語》所記「子張書諸紳」，一方面可見孔子弟子的好學，一方面可見文字書寫的普遍。以上這些因素均為隸書的產生奠定了基礎，也為秦漢時期字體的演化提供了條件。

秦系文字以承襲西周為主，正體變化較小，如傳世石鼓文文字、秦公大墓石刻、秦公簋等，直至秦統一而以小篆頒行天下。而手寫體則以秦隸為主體進一步演化為隸書，這一過程被後世稱為隸變。秦統一後廢除了六國文字的字法，以秦文字字法統一之。向全國頒發秦小篆的標準字書《倉頡篇》《爰歷篇》《博學篇》等，而實際的手寫體則是秦大篆草化而成的秦隸，傳秦獄吏程邈創隸書，實際情況可能是程邈在秦始皇授意下整理和規範了秦隸的字法，編成字書推廣。

戰國時期韓、趙、魏、楚、燕、齊六國文字，大致可以分為晉、楚、燕、齊四系。戰國時代周王室對諸侯國的約束力迅速減弱，造成了「田疇異畝、車涂異軌、律令異法、衣冠異制、言語異聲、文字異形」的現象，其中東方六國文字的變化比秦國更為顯著。《說文解字》中所言「古文」一詞其中有一個含義即指戰國時期的六國文字，主要為西漢晚期出土的大量戰國文字的典籍抄本，其中以孔壁古書最著，《說文解字》中所收「古文」即來源於此，而以這些抄本為研究材料，形成了影響巨大的「古文經學」學術流派。

由於六國文字在秦統一以後被廢除，秦代之後「古文」材料除了西漢武帝、西晉武帝時兩次大規模的發現外，其它零星出土數量極其有限。加之古代沒有保護竹簡的相關技術，竹簡上的文字只能靠傳抄保存下來，所以隨着時間的推移，文字傳抄的訛誤逐漸增多，導致對「古文」的研究在三體石經刻製之後逐漸衰退。隨着二十世紀以來戰國時期六國文字的大規模發現，尤其是璽印、陶文、簡帛等的大量出土，使我們對這一類文字有了進一步的認識。而六國文字最重要的特點就是通過簡化、繁化形成大量的俗體字，實際是在西周春秋文字基礎上的「篆變」，如二十世紀下半葉以來大量發現的楚簡，即出現了楷化、隸變、草化等因素，這為漢魏時期隸書、草書、楷書的出現提供了可能。同時六國文字不僅與秦文字差異增大，彼此間的差異也顯著加大。

第三為今文字演化階段，時間為秦漢之際至魏晉時期。主要表現在今文字的演化和成熟，包括隸書、草書、行書、楷書的成形和進一步演化。其中秦漢之際至東漢末年是隸書、草書、行書、楷書形成的時期，從東漢末年開始，名家法書在字體演化中的作用更加明顯，形成了同一字體不同風格的名家書體。

秦統一僅十五年即告解體，然秦文字統一的局面並未被根本改變，同時文字草化、俗化的進程在漢朝建立後得到加速，漢代在文字統一方面既繼承了秦代遺產，又開啟了六國文字書寫之復興，當然六國文字的字法並未真正恢復，而是其中的書寫文化得到較大程度的重新興起並融合到漢代的字體演化中。由此開啟了中國歷史上字體書體演進的又一高峰，其變化之豐富超越了戰國時期。

秦漢之際至西漢武帝時期是隸書從形成到成熟的階段，秦漢之際的隸書帶有濃重的篆書意味，被稱為古隸，是篆書向隸書演變的過渡階段，這一階段的隸書因是過渡字體，很快消失在歷史的視野中。二十世紀以來，隨着秦漢簡牘帛書的大規模出土，隸書的原始面貌開始為人所知，實際上秦簡的隸書是篆書的草寫，保留了大量篆書的特徵，但同時也出現了隸書的諸多形態，被認為是「隸變」的開始，典型如《青川木牘》《睡虎地秦簡》《天水放馬灘秦簡》等所呈現的書跡。西漢初年至中期繼承了秦代的隸變，並孕育了兩種不同形態的隸書，一為秦代古隸的直接延續，基本保留秦代古隸的特徵，被稱為西漢古隸，馬王堆帛書中的《戰國縱横家書》即是這一類型的代表。二為具有八分書特點的隸書開始出現，馬王堆帛書本《周易》是其代表，這一類型的隸書取横勢，横畫多有波磔，在西漢中晚期既已成熟，東漢時演化為以熹平石經為代表的的八分書，成為隸書的官方標準字體。同時秦漢「隸變」還孕育着草書、楷書、行書等三種新字體。

《説文解字叙》曰「漢興有草書」，顯然草書既是在秦文「隸變」延續下成長而興起的新字體，同時也是六國文字書寫影響下的產物。秦簡中就有草率的古隸，西漢武帝、昭帝時期的簡牘中就已出現了「隸草」的雛形，西漢元帝時期前後，成熟的「隸草」就已出現，並可以看做是章草的早期形態，由此至東晉王羲之時代今草成熟，開啟了四百年左右的章草演化歷程。從兩漢至兩晉的簡牘和魏晉的殘紙中可見章草的不斷演化，並出現了傳為三國時期吴國皇象所寫的章草字書《急就篇》，亦即章草的標準字體，傳世西晉時期的《平復帖》則是章草的著名法帖，而刻帖中亦傳刻有不少此一時期的章草書跡。東漢時期伴隨着名家法書觀念的形成，在章草領域出現了張芝、杜度、崔瑗等第一批書法名家，而張芝更是被尊為「草聖」，這也預示着書體觀念逐漸從字體中分化出來並得到獨立呈現。

近四百年的章草演化史，亦是今草因素出現並不斷成熟的過程。在東漢簡牘中就已出現字與字之間相連的今草因素，西晉時期草書書家衆多，其中以衛瓘與索靖的影響最大。二者均祖述張芝，索靖謹守師法，古意盎然；衛瓘則以縱引改變筆勢，强化了草書的流變。二者共同推進了草書的演化。從西晉時期的樓蘭文書和閣帖裏的書跡可見今草之規模。而東晉的王羲之則在當時衆多書法家族的草書實踐中脱穎而出，開闢了今草之新境。王羲之草書風格多樣，閣帖中所見的《豹奴帖》為標準章草樣式。

另王羲之還書寫了大量帶有章草因素的今草，如《寒切帖》《月半帖》《遠宦帖》《逸民帖》《絲布帖》《鹽井帖》等，多字字獨立，字勢橫向開張，筆形厚闊，總體屬於趣長筆短、新體舊面的類型。今草脱胎於章草，結構大同小異，去其波磔，筆勢改橫張為縱引，並連綿其筆畫與字羣，則新體卓然而立，因此王羲之變製草體的過程亦呈現在這一類作品中。

王羲之的今草是「采張芝法，以凱法參之」的一種草體，其典型樣式則如摹本《都下帖》《行穰帖》，刻本《虞休帖》《侍中帖》《秋中帖》《清和帖》《知賓帖》《雪候帖》《想弟帖》等，这些大概是王羲之晚年的書跡，筆勢如龍騰虎躍，形態舒卷多姿，尤其是連筆的映帶綿延，有明確的表現。可以説，王羲之是使今草在字體和書體上高度成熟和完美結合的關鍵人物。

在隸變過程中，東漢時期形成八分、章草和通俗隸書（或稱新隸體）三種類型的字體，其中新隸體的草率寫法逐漸形成了行書。相傳東漢桓、靈時期的劉德昇創製了行書，最早流行在北方的潁川一帶。漢魏之際的鍾繇、胡昭都曾從學於劉德昇，魏晉時期士大夫寫行書皆以鍾、胡為法。公元三世紀的江南地區，行書已在社會上流行起來，三國時期吴國竹簡墨跡中，出自胥吏之手的賬册文書，許多就是用行書書寫的。東吴簡牘墨跡中比較多見的行書，寫法和結體明顯接近當時的楷書，如《嘉禾三年省校簡》《南疆丘男子聶儀佃田租税木簡》下端的簡文，嘉禾年間木簽牌上的字跡有連筆，有映帶，但筆畫比較硬直，筆勢還不連貫，而且字形方廣，像當時楷書的草率寫法，類似今天的行楷體勢。

《謝達木牘》的行書是吴國行書的另一種類型，該類型書跡筆畫圓厚，一些偏旁部件的筆畫出現省併，寫得活潑圓通。而且字形長，字勢欹側，有婉約風流之韻。其用筆之勢與結體之態，與後世行書相當接近。總之，吴國的行書還保留了隸意，有古質之美。曹魏時期的鍾繇是行書演化歷史上的關鍵人物，可以認為他為行書確立了典範，使這一書體的迅速普及有了可能。至西晉時期，秘書省的「秘書寫副」采用行書，使行書成為令史之書而得到進一步普及。由此作為徹底的俗寫體和速寫體而大盛於世。目前所見西晉行書墨跡主要為二十世紀以來出土的樓蘭文書，其中行書書跡的內容主要有尺牘和簿記兩類，不管是規整還是草率的寫法，既有數量較多的行書中較早定性的部件，也吸收了部分草書的寫法，既有數量較多行書中較早定型的部件，也吸收了部分草書的寫法，同時又保留了一部分隸書的體式。可見西晉行書是早期行書演化的尾聲，它將開啟東晉「二王」行書新妍的面貌。

行書的真正成熟是由東晉王羲之徹底完成的，傳世王羲之的《姨母帖》仍有明顯的隸意，與西晉時期《劉得秋簡》《九月十一日殘紙》上的行書形態十分接近。而王羲之行書的成熟書跡，則汰除了隸書筆意，具備遒美欹側的品格，傳世摹本《蘭亭序》即是最傑出的代表，《蘭亭序》的行書已脫去隸意，結體欹麗多姿，用筆正側相生相發，既整飭又有天然之趣。屬於這一風格樣式的行書書跡還有《快雪時晴帖》《平安何如奉橘帖》《官奴帖》等，這些法帖與《蘭亭序》共同構成了行書的楷則。

楷書「的」淵源於先秦，楚簡篆變中就有楷法之萌芽，但真正意義上的楷書是東漢新隸體基礎上經過規整和改造後逐漸形成的。清末之前，學習和研究早期楷書僅有傳摹的鍾王一系書跡和刻帖，清末以來出土的西北簡牘殘紙、三國吳簡及魏晉墓誌等極大豐富了我們對早期楷書的認識。

一九九六年在長沙出土了大約十萬餘枚三國時期吳國簡牘，其中的楷書墨跡對認識這一書體的形成有關鍵作用。目前所見的吳國簡牘楷書均為孫權時期所寫，其中不少楷書還處於初級階段，如六枚《史綽名刺》有的楷式多而隸意少，有的隸式多而楷意少，其中的楷書長橫收筆按而不挑，長捺長撇直勁不翻挑，初步顯現了新隸體點畫的楷化。而吳簡中由上層官吏所書的《朱然名刺》楷化程度較高而隸意較少，橫畫收筆頓挫下斂，豎畫有垂縮之態，撇筆勁挺，捺畫有「一筆三折」之勢，折筆方俊呈圭角，結體有欹側，可以看作是相對成熟的楷書。當然由下層胥吏所書的簡牘大多隸意較濃，但也有楷化的點畫。而吴簡楷書《南疆丘男子聶儀佃田租税》中呈現的另一特點是竪畫和撇畫都是入筆頓按、收筆鋭出；横畫入筆尖細、收筆重按。這樣的用筆形態，在魏晉文書中可以看到，在公元五世紀的寫經書法中亦可見。總觀三國吴簡楷書，雖隸意未盡，但結體已多欹側之勢，點畫的楷化也初具規模，可見楷書的流行已是大勢所趨。

鍾繇是楷書歷史上第一位名家，傳世刻帖中以《宣示》《力命》《薦季直》《賀捷》四表對後世影響最大，其中《賀捷表》一帖與二十世紀以來先後在古樓蘭遺址出土的魏晉文書殘紙上的正書字跡極為相似，可以看作是鍾繇楷書的代表書跡。與衛氏的古體書風相比，鍾繇楷書代表了新體的面貌，對楷書的成熟起到關鍵作用，為楷書成為官方認可的正體字奠定了基礎。

北宋以後西晉楷書已無傳世墨跡，直至二十世紀初在中國西北發現了不少殘卷，我們才對西晉楷書有了重新的認識。新疆出土的《三國志・吴書・虞翻傳》殘卷甲乙本和敦煌出土的《法華經殘卷》是其中的代表，這些書跡雖時有顯露隸意，但有着成熟楷書的共同特徵，如竪鉤之筆多向左上方挑出，横畫的起筆頓按明顯，横折之筆的肩部多成方折，通過空間的「左高右低」或用筆的「左弱右强」形成欹側之勢。而吐魯番出土的樓蘭文書則出現了趨於新妍的楷書，如《三月一日》《超濟白殘紙》《濟言》《感情》《大人》等，提按筆法運用更多，特別是横畫收筆的按鋒和撇筆的方頭鋭尾，使得早期楷書的隸意漸漸脱去。

有了鍾繇書法的引領，東晉楷書新變的啟示，東晉楷書繼續朝着趨新尚妍的方向演化，而王羲之在其中起到了關鍵作用。擅長楷書的王羲之傳世均為小楷，南朝人稱為「正書」「細書」「細楷」。自唐朝以來，流傳最廣的王羲之楷書名作是《樂毅論》

《黃庭經》《東方朔畫像讚》三種，亦是解讀王羲之楷書風格或形質特徵的重要依據。就其師承而言，王羲之的楷書屬於鍾繇系統。但易鍾繇之翻為斂，筆法稱為「内擫」，由此將楷書的筆法、筆意、結構推入形巧而勢縱的新境界。

从商代後期至東晉王羲之時代，近一千七百年的歷史中，中國文字完成了古文字向今文字的變遷和五體書的演化，在字體演化的同時形成了書體的分化，最終呈現了標準字體與典範書體互動影響的局面。這使中國漢字不僅具有「王政之始、經藝之本」的道統屬性，也同時承載着「盡善盡美」的藝術品格。

《說文解字》叙

許慎

古者庖犧氏之王天下也，仰則觀象於天，俯則觀法於地，視鳥獸之文與地之宜，近取諸身，遠取諸物，於是始作易八卦，以垂憲象。及神農氏結繩為治而統其事，庶業其繁，飾偽萌生。黄帝之史倉頡，見鳥獸蹏迒之跡，知分理之可相別異也，初造書契。百工以乂，萬品以察，蓋取諸夬，「夬，揚於王廷」，言文者宣教明化於王者朝廷，君子所以施禄及下，居德則忌也。

倉頡之初作書，蓋依類象形，故謂之文，其後形聲相益，即謂之字。文者，物象之本；字者，言孳乳而浸多也。著於竹帛謂之書，書者，如也。以迄五帝三王之世，改易殊體，封於泰山者七十有二代，靡有同焉。

周禮：八歲入小學，保氏教國子，先以六書。一曰指事。指事者，視而可識，察而（可）見［意］，上下是也。二曰象形。象形者，畫成其物，隨體詰詘，日月是也。三曰形聲。形聲者，以事為名，取譬相成，江河是也。四曰會意。會意者，比類合誼，以見指撝，武信是也。五曰轉注。轉注者，建類一首，同意相受，考老是也。六曰假借。假借者，本無其字，依聲託事，令長是也。

及宣王太史籀著大篆十五篇，與古文或異。至孔子書六經，左丘明述《春秋傳》，皆以古文，厥意可得而說。其後諸侯力政，不統於王，惡禮樂之害己，而皆去其典籍，分為七國，田疇異畮，車涂異軌，律令異法，衣冠異制，言語異聲，文字異形。

秦始皇帝初兼天下，丞相李斯乃奏同之，罷其不與秦文合者。斯作《倉頡篇》，中車府令趙高作《爰歷篇》，太史令胡毋敬作《博學篇》，皆取史籀大篆，或頗省改，所謂小篆者也。是時秦燒滅經書，滌除舊典，大發隸卒，興役戍，官獄職務繁，初有隸書，以趣約易，而古文由此絕矣。自爾秦書有八體：一曰大篆，二曰小篆，三曰刻符，四曰蟲書，五曰摹印，六曰署書，七曰殳書，八曰隸書。

漢興有草書。尉律：學童十七已上始試，諷籒書九千字乃得為吏；

又以八體試之。郡移太史並課，最者以為尚書史。書或不正，輒舉劾之。今雖有尉律，不課；小學，不修。莫達其說久矣。孝宣時，召通倉頡讀者，張敞從受之；涼州刺史杜業、沛人爰禮、講學大夫秦近，亦能言之。孝平時，徵禮等百餘人，令說文字未央廷中，以禮為小學元士。黃門侍郎揚雄采以作《訓纂篇》。凡《倉頡》以下十四篇，凡五千三百四十字，群書所載，略存之矣。

及亡新居攝，使大司空甄豐等校文書之部。自以為應制作，頗改定古文。時有六書：一曰古文，孔子壁中書也；二曰奇字，即古文而異者也；三曰篆書，即小篆，秦始皇帝使下杜人程邈所作也；四曰佐書，即秦隸書；五曰繆篆，所以摹印也；六曰鳥蟲書，所以書幡信也。

壁中書者，魯恭王壞孔子宅而得《禮記》《尚書》《春秋》《論語》《孝經》。又北平侯張倉獻《春秋左氏傳》，郡國亦往往於山川得鼎彝，其銘即前代之古文，皆自相似。雖叵復見遠流，其詳可得略說也。

而世人大共非訾，以為好奇者也，故詭更正文，鄉壁虛造不可知之書，變亂常行以燿於世。諸生競說字解經誼，稱秦之隸書為倉頡時書，云：父子相傳，何得改易！乃猥曰：馬頭人為長，人持十為斗，虫者屈中也。廷尉說律，至以字斷法，「苛人受錢」，苛之字止句也。若此者甚衆，皆不合孔氏古文，謬於史籀。

俗儒啚夫翫其所習，蔽所希聞，不見通學，未嘗覩字例之條，怪舊埶而善野言，以其所知為祕妙，究洞聖人之微恉。又見《倉頡篇》中「幼子承詔」，因號古帝之所作也，其辭有神僊之術焉。其迷誤不諭，豈不悖哉！

《書》曰：「予欲觀古人之象。」言必遵修舊文而不穿鑿。孔子曰：「吾猶及史之闕文，今亡也夫。」蓋非其不知而不問，人用己私，是非無正，巧說衺辭，使天下學者疑。

蓋文字者，經藝之本，王政之始，前人所以垂後，後人所以識古。故曰「本立而道生」，「知天下之至嘖而不可亂也」。

今叙篆文，合以古籀，博采通人，至於小大，信而有證。稽譔其說，

jiāng yǐ lǐ qún lèi，jiě miù wù，xiǎo xué zhě，dá shén zhǐ。fēn bié bù jū，bú xiāng zá cè。wàn
將以理羣類，解謬誤，曉學者，達神恉。分別部居，不相雜廁。萬

wù xián dǔ，mí bù jiān zǎi。jué yì bù zhāo，yuán míng yǐ yù。qí chēng《yì》mèng shì，《shū》
物咸覩，靡不兼載。厥誼不昭，爰明以諭。其稱《易》孟氏，《書》

kǒng shì，《shī》máo shì，《lǐ》，《zhōu guān》，《chūn qiū》zuǒ shì，《lún yǔ》，
孔氏，《詩》毛氏，《禮》，《周官》，《春秋》左氏，《論語》，

《xiào jīng》，jiē gǔ wén yě。qí yú suǒ bù zhī，gài quē rú yě。
《孝經》，皆古文也。其於所不知，蓋闕如也。

xù yuē：cǐ shí sì piān，wǔ bǎi sì shí bù。jiǔ qiān sān bǎi wǔ shí sān wén，chóng
敘曰：此十四篇，五百四十部。九千三百五十三文，重

yì qiān yì bǎi liù shí sān，jiě shuō fán shí sān wàn sān qiān sì bǎi sì shí yī zì。qí jiàn shǒu yě，lì yī
一千一百六十三，解説凡十三萬三千四百四十一字。其建首也，立一

wèi zhuān。fāng yǐ lèi jù，wù yǐ qún fēn。tóng qiān tiáo shǔ，gòng lǐ xiāng guàn。zá ér bú yuè，jù xíng
為耑。方以類聚，物以羣分。同牽條屬，共理相貫。雜而不越，據形

xì lián。yǐn ér shēn zhī，yǐ jiū wàn yuán。bì zhōng yú hài，zhī huà qióng míng。
系聯。引而申之，以究萬原。畢終於亥，知化窮冥。

yú shí dà hàn，shèng dé xī míng。chéng tiān jī táng，fū chóng yīn zhōng，xiá ěr bèi zé，wò yǎn pèi pāng。
于時大漢，聖德熙明。承天稽唐，敷崇殷中，遐邇被澤，渥衍沛滂。

guǎng yè zhēn wēi，xué shì zhī fāng，tàn zé suǒ yǐn，jué yì kě chuán。
廣業甄微，學士知方，探嘖索隱，厥誼可傳。

yuè zài yǒng yuán，kùn dùn zhī nián，mèng zōu zhī yuè，shuò rì jiǎ shēn。céng céng xiǎo zi，zǔ zì yán shén。
粤在永元，困頓之年，孟陬之月，朔日甲申。曾曾小子，祖自炎神。

jìn yún xiāng huáng，gòng chéng gāo xīn，tài yuè zuǒ xià。lǚ shū zuò fān，bǐ hóu yú xǔ，shì zuò yí líng。
縉雲相黃，共承高辛，太岳佐夏。呂叔作藩，俾侯于許，世祚遺靈。

zì bǐ cú zhāo，zhái cǐ rǔ bīn。
自彼徂召，宅此汝瀕。

qiè yǎng jǐng xíng，gǎn shè shèng mén。qí hóng rú hé，jié bǐ nán shān。yù bà bù néng。jì jié yú cái。
竊印景行，敢涉聖門。其弘如何，節彼南山。欲罷不能。既竭愚才。

xī dào zhī wèi，wén yí zǎi yí。yǎn zàn qí zhì，cì liè wēi cí。zhī cǐ zhě xī，tǎng zhāo suǒ yóu。
惜道之味，聞疑載疑。演贊其志，次列微辭。知此者稀，儻昭所尤。

shù yǒu dá zhě，lǐ ér dǒng zhī。
庶有達者，理而董之。

《説文解字》叙註

吴曉明　整理

【叙曰】：〔一〕古者庖犧氏〔二〕之王天下也，仰則觀象於天，俯則觀法於地〔三〕，視鳥獸之文與地之宜〔四〕，近取諸身，遠取諸物〔五〕，於

〔一〕叙曰：《段註》：「二字舊在下文『此十四篇』之上。今審定移置於此。」

〔二〕庖犧氏：又作伏犧、宓羲、伏戲、包犧。中國古代神話中人類之始祖，相傳他教民結網、漁獵、畜牧。

〔三〕象：現象。《易・繫辭上》：「在天成象，在地成形，變化現矣。」法：義同象。《易・繫辭上》：「是故法象莫大乎天地。」

〔四〕宜：同儀。儀式、形式、形狀。地之宜即大地之形態。

〔五〕《易・説卦》云：「乾為首，坤為腹，震為足，巽為股，坎為耳，離為目，艮為手，兑為口。」孔疏曰：「此一節説八卦人身之象。略為近取諸身也。」説卦又云：「乾為馬，坤為牛，震為龍，巽為雞，坎為豕，離為雉，艮為狗，兑為羊。」孔疏曰：「此一節説八卦畜獸之象，略明遠取諸物也。」

是始作易八卦〔一〕，以垂憲象〔二〕。及神農氏結繩為治而統其事〔三〕，庶業其繁〔四〕，飾偽萌生〔五〕。黃帝之史倉頡〔六〕，見鳥獸蹏迒之

〔一〕從「古者」至「作易八卦」引自《易·繫辭下》。

〔二〕垂：顯示、表示。憲象：法象。唐代張彥遠《歷代名畫記》載：「顏光禄云：『圖載之意有三。一曰圖理，卦象是也。』」所述之意相近。

〔三〕神農氏：相傳他用木製作耒耜、教民耕稼、結繩。《易·繫辭下》孔疏引鄭玄《周易註》云：「事大，大結其繩；事小，小結其繩。」統：紀也。原意為絲之頭緒，此作記録義。

〔四〕其：同綦，義為極其。

〔五〕飾：文飾。偽：詐偽。萌生謂多也。

〔六〕倉頡亦作蒼頡。倉頡造字之説起自先秦。《荀子·解蔽篇》曰：「故好書者衆矣，而倉頡獨傳者壹也。」《韓非子·五蠹篇》曰：「倉頡之作書也，自環者謂之私，背私者為之公。」《呂氏春秋·君守篇》曰：「倉頡造書。」《帝王世紀》云：「皇帝史官倉頡。」《史記》承之。

跡〔七〕，知分理之可相別異也〔八〕，初造書契〔九〕。百工以乂，萬品以察〔一〇〕，蓋取諸夬〔一一〕，「夬，揚於王廷〔一二〕」，言文者宣教明化於王者朝廷，君

〔七〕蹏迒：同義複合。蹏：古蹄字。《説文》曰：「足也。」迒：獸跡。

〔八〕分理：猶文理，即紋理。別異：區別。

〔九〕書契：文字。書：寫。契：刻。近義複合。

〔一〇〕百工：百官。乂：治也。《周易·繫辭》作「百官以治，萬民以察」。《魏書·江式傳》作「百工以叙，萬品以明」。《五經文字叙》作「百官以理，萬人以察」。

〔一一〕夬：分決也。原意為扳指。《周易·夬卦第四十三》：「乾上兑下。」孔穎達《周易正義》疏曰：「夬，決也。剛決柔也。」從「神農氏結繩」至「蓋取諸夬」取意於《周易·繫辭下》文句「上古結繩而治，後世聖人易之以書契，百官以治，萬民以察，蓋取諸夬。」

〔一二〕引自《周易·夬卦》之彖辭：「夬，揚於王庭。」

子所以施禄下，居德則忌也〔一〕。倉頡之初作書，蓋依類象形〔二〕，故謂之文〔三〕，其後形聲相益〔四〕，即謂之字〔五〕。[文者，物象之本]〔六〕；字者，言孳乳而浸多也〔七〕。箸於竹帛謂之書〔八〕，書者，如也〔九〕。以迄五帝三王之世，改易殊體〔一〇〕，封於泰山者七十有二代，靡有同

〔一〕此句引自《周易·夬卦》之象辭：「夬，君子以施禄及下，居德則忌。」王弼《易》作「明忌。」桂馥、王筠均認為應作「居德明忌。」王筠《説文句讀》：「文字可以居德者，多識前言往行，以蓄其德也。可以明忌者，令行禁止之意。」

〔二〕依類象形：《段註》：「謂指事、象形二者也。指事亦所以象形也。」

〔三〕文：《段註》：「文者，逪畫也。这逪其畫而物像在是也。」

〔四〕形聲相益：《段註》：「謂形聲、會意二者也。有形則必有聲，聲與形相軵為形聲，形與形相軵為會意。」

〔五〕字：桂馥《義證》引顧炎武曰：「春秋以上言文不言字，以文為字，乃始於《史記》，秦始皇《琅邪臺石刻》曰：『同书文字』。字之名自秦而立自漢而顯也歟。」

〔六〕文者句：《段註》：「各本無此六字，依《左傳·宣十五年》正義補。」

〔七〕字者句。《説文》：「字，乳也。」孳：汲汲生；乳：人及鳥生子。浸：漸。孳乳：孳生，同義複合。桂馥《義證》：「字者，孳也。言文之所生也。」《段註》「析言之，獨體曰文，合體曰字；統言之，則文字可互稱。」

〔八〕箸於竹帛：《段註》：「附著而著明之於竹帛也。」《墨子·兼愛》有言曰：「書於竹帛，鏤於金石，琢於盤盂。」

〔九〕如：《段註》：「謂如其事物之狀也。」王筠《句讀》：「書者，如也，舒也，紀也。」

〔一〇〕以迄句：《段註》：「迄當為訖。訖，止也。」五帝：黄帝、顓頊高陽、帝嚳高辛、堯、舜。三王：夏禹、商湯、周文武。

焉〔一〕。周禮：八歲入小學〔二〕，保氏教國子，先以六書〔三〕。一曰指事。指事者，視而可識，察而（可）見［意］，上下是也〔四〕。二曰象形。象形者，畫成其物，隨體詰詘，日月是也〔五〕。三曰形聲。形聲者〔六〕，

〔一〕《史記·封禪書》：「古者封泰山，禪梁父者七十二家。」靡：通無。

〔二〕《大戴禮記·保傅》：「古者年八歲而就外舍，學小藝焉，履小節焉。」

〔三〕《周禮·地官·保氏》：「保氏掌王惡，養國子以道，乃教之六藝。……五曰六書。」六書，《段註》：「六書者，文字、聲音、義理之總匯也。」班固《漢書·藝文志》作象形、象事、象意、象聲、轉註、假借。鄭衆《周禮·保氏》註曰象形、會意、轉註、處事、假借、諧聲。後世通常在次第上依班固，名稱上依許慎。

〔四〕指事：《段註》：「指事之別於象形者，形謂一物，事晐衆物。指事不可以會意殽，合兩文為會意，獨體為指事。」可見：依《段註》當作「見意」。上下：《段註》：「此謂古文也。有在一之上者，有在一之下者，視之而可識為上下，察之而見上下之意。」

〔五〕象形：《段註》：「有獨體之象形，有合體之象形。獨體如日月水火是也；合體者从某而又象其形，如『眉』从目而以象其形，『箕』从竹而以象形，衰从衣而以象其形，从田而以象耕田溝詰屈之形是也。獨體之象形則成字可讀，軵於从某者不成字不可讀。」詰詘：猶屈曲。

〔六〕形聲：《段註》：「其別於指事、象形者，指事、象形，獨體；形聲，合體。其別於會意者，會意合體主義，形聲合體主聲。」

以事為名，取譬相成，江河是也〔一〕。四曰會意。會意者，比類合誼，以見指撝〔二〕，武信是也〔三〕。五曰轉注。轉注者，建類一首，同意相受，考老是也〔四〕。六曰假借。假借者，本無其字，依聲託事，令長是也〔五〕。

〔一〕《段註》：「以事為名謂半義也，取譬相成謂半聲也。江河之字以水為名，譬其聲如工可，因取工可成其名。」譬：譬近，譬喻，比方。以事為名指意符，取譬相成指聲符。

〔二〕會意：《段註》：「會意者合也，一體不足以見其義，故必合二體之意以成字。」比：排比，組合。類：字類，字羣。誼通義。指撝：指揮，意義指向之處。

〔三〕武信：用止戈組合，會制止戰爭為武之意；用人言組合，會人踐行諾言為信之意。

〔四〕轉註：輾轉灌注。建類一首、同義相受：是說先立共同之義類，再註上表義之字為其類之首以統一之，使這些字同受意於這個標首之字。如老意之詞有耆、耋、壽、耄，即為老義立一類造出之幾個字，每字註以老字以一其首，這些字同受意於老。

及宣王太史籀箸大篆十五篇〔六〕，與古文或異。至孔子書《六經》，左丘明述《春秋傳》，皆以古文，厥意可得而説〔七〕。其後諸侯力政，不統於

〔五〕本無其字，依聲託事：對於某一個詞本無其字，覓同音字以寄託其義，令長是也。訓君之令與長上之長，無專用字，乃借發號之令、久遠之長表示。

〔六〕宣王：姬姓，名靖。太史籀：《段註》：「太史，官名。籀，人名也，省言之曰史籀。」《漢書·藝文志》云：『史籀十五篇。』自註『周宣王太史作大篆十五篇。』又云：『史籀篇者，周時史官教學童書也。』然則其姓不詳。」大篆：據王國維考證是周秦西土文字。

〔七〕古文：此處指壁中書，即漢武帝時再孔子舊居發現之藏書，屬春秋戰國六國文字系統。六經：指易、書、詩、禮、樂、春秋。左丘明：春秋時史學家，魯國人，雙目失明，曾任魯太史。厥：其。

王〔一〕，惡禮樂之害己，而皆去其典籍〔二〕，分為七國，田疇異畮，車涂異軌，律令異法，衣冠異制，言語異聲，文字異形。〔三〕

秦始皇帝初兼天下，丞相李斯乃奏同之，罷其不與秦文合者。〔四〕斯作《倉頡篇》〔五〕，中車府令趙高作《爰歷篇》〔六〕，太史令胡毋敬作《博學

〔一〕政通征。力政，見《逸周書・度訓篇》，王念孫曰：「言以力相征伐。」《漢書》卷二十七曰：「天子弱，諸侯力征。」

〔二〕《孟子・萬章下》曰：「諸侯惡周禮害己，而皆去其典籍。」《漢書・藝文志》曰：「諸侯將踰法度，惡其害己，皆滅去其籍。」

〔三〕疇：田地之溝。田疇：田地。同義複合。畮同畝。車涂異軌：《段註》：「車之徹廣曰軌，因以軌名涂之廣。七國時車不依徹廣八尺之完制，或廣或狹焉。涂不依諸侯經涂七軌、環涂五軌、野涂三軌之制，各以意為之，故曰車涂異軌也。」

〔四〕兼：兼並，統一。李斯（？—前二〇八年），楚上蔡（今河南上蔡）人，荀子弟子，秦始皇之丞相。罷：廢除。同之：統一文字。《段註》：「以秦文同天下之文，即下文小篆也。」《史記・秦始皇本紀》：「二十六年……書同文字。」

〔五〕《倉頡篇》：《漢書・藝文志》曰：「《倉頡》一篇，上七章，秦丞相李斯作。」

〔六〕《爰歷篇》：《漢書・藝文志》曰：「《爰歷》六章者，車府令趙高作也。」中車府令，主乘輿路車者也。

篇》〔一〕，皆取史籀大篆〔二〕，或頗省改〔三〕，所

〔一〕《博學篇》：《漢書·藝文志》曰：「《博學》七章，太史令胡毋敬作。」司馬彪曰：「太史令掌天時星厤。」胡毋：姓也。

〔二〕《蒼頡》等共二十章：《漢書·藝文志》曰：「文字多取《史籀篇》而篆體頗復異，所謂秦篆者也。」又云：「漢興。閭里書師合《蒼頡》、《爰歷》、《博學》三篇斷六十字以為一章，凡五十五章，並為《蒼頡篇》。」《倉頡》《爰歷》《博學》合稱三倉，以四字為句，兩句一韻，今皆不傳。清孫星衍、任大椿、近代王國維等有輯本。

〔三〕或不盡然：《段註》：「省者，減其繁重；改者，改其怪奇。或之云者，不盡省改也。不改者多，則許所列小篆固皆古文大篆。其不云『古文作某』、『籀文作某』者，則所謂『或頗省改』者也。」

謂小篆者也〔四〕。是時秦焚滅經書，滌除舊典，大發隸卒，興役戍，官獄職務繁，初有隸書，以趣約易〔五〕，而古文由此絶矣〔六〕。

自爾秦書有八體：一曰大篆〔七〕，二曰小篆〔八〕，

〔四〕小篆：《漢書·藝文志》作秦篆，凡許書中云篆書者小篆也，云籀文者大篆也。「《倉頡》一篇，上七章，秦丞相李斯作。」

〔五〕滌：清除。官：指行政官吏。獄：指主管訟事法律之官吏。趣：趨向。《漢志》曰：「是時始造隸書矣，起於官獄多事，苟趨省易，施之於徒隸也。」晉衛恒《四體書勢》曰：「秦既用篆，奏事繁多，篆字難成，即令隸人佐書，曰隸字。」

〔六〕古文：此處指隸書以前之古文字。

〔七〕大篆：《段註》：「不言古文者，古文在大篆中也。上云『古文由此絶』，何也？古文、大篆雖不行，而其體固在，刻符、蟲書等未嘗不用之也。」

〔八〕小篆：秦統一後之法定文字。

三曰刻符〔一〕，四曰蟲書〔二〕，五曰摹印〔三〕，六曰署書〔四〕，七曰殳書〔五〕，八曰隸書。

〔一〕刻符：《段註》：「符者，周制六節之一，漢制以竹長六寸，分而相合。」刻符指在符節上之文字，字體為篆書，但筆畫較平直，目前所見有新郪虎符上之文字。

〔二〕蟲書：《段註》：「新莽六體有鳥蟲書，所以書旛信也。此蟲書即書幡信者。」

〔三〕《段註》：「即新莽之繆篆也。」

〔四〕署書：《段註》：「凡一切封檢題字皆曰署，題榜亦曰署。《冊部》曰：『扁者，署也，从户冊。』」

〔五〕殳書：《段註》：「蕭子良曰：『殳者，伯氏之職也。古者文既記笏，武亦書殳。』按：言殳以包凡兵器題識，不必專謂殳，漢之剛卯亦殳書之類。」殳：古代兵器之一種，刻於其上之文字曰殳書，今存秦代兵器有銘文者如「相邦呂不韋戈」即其例。

漢興有草書〔六〕。尉律〔七〕：學童十七已上始試〔八〕，諷籀書九千字乃得為吏〔九〕；又以八體試之。郡移太史並課〔一〇〕，最者以為尚書史。書或不正，

〔六〕草書：《段註》：「草書之稱起於艸稾，其各字不連緜者曰章草，晉以下相連緜者曰今草。」

〔七〕尉律：桂馥《義證》引王應麟說：「尉律者，廷尉治獄之律也。」

〔八〕僮：今童字。已：以。

〔九〕諷：背誦。籀：抽繹。《段註》：「諷謂背誦尉律之文，籀書謂能取尉律之義推演發揮而繕寫至九千字之多。」《漢志》：「能諷書九千字以上乃能為史。」吏，《漢志》、《段註》均作史。《段註》「得為史，得為郡縣史也。」即郡縣記事之官。

〔一〇〕郡移太史並課。《段註》：「大史者，大史令也。並課者，合而試之也。上文試以諷籀書九千字，謂試其記誦文理；試以八體，謂試其字跡。縣移至郡，郡移之大史，大史合試此二者。」

輒舉劾之。〔一〕。今雖有尉律，不課；小學，不修。莫達其説久矣。〔二〕孝宣時〔三〕，召通《倉頡》讀者，張敞從受之〔四〕；涼州刺史杜業〔五〕、沛人爰禮、講學大夫秦近，亦能言之。孝平時〔六〕，徵禮等百餘人，令説文字未央廷中，以禮為小學元士。黄門侍郎揚雄〔七〕采以作《訓纂篇》〔八〕。

〔一〕尚書史：《段註》：「尚書令史十八人，二百石，主書，字或不正，輒舉劾之，乃尚書所職」劾：檢舉罪過。

〔二〕小學：文字學。《周禮》：「八歲入小學。」達：通曉。

〔三〕孝宣：漢宣帝劉詢，公元前七十三年至前四十九年在位。

〔四〕《漢志》：「倉頡多古字，俗師失其讀。宣帝時徵齊人能正讀者，張敞從受之。」張敞，字子高，漢河東郡平陽縣人（今山西省臨汾縣南），生卒年不詳，宣帝時為太中大夫，京兆尹。

〔五〕杜業：張敞外孫，字子夏，魏郡繁陽人（今河南黄縣東北）。小學元士、講學大夫皆王莽時期所設官職。《段註》：「杜業在哀帝時，爰禮、秦近皆在平帝及亡新時。」

〔六〕孝平：漢平帝劉衎，公元元年至五年在位，被王莽殺害。

〔七〕楊雄（公元前三十五年至公元十八年），字子雲，漢蜀郡成都郫縣人。漢成帝時封為黄門侍郎，著有《法言》《太玄》《方言》《訓纂篇》《長楊賦》《甘泉賦》。

〔八〕《漢書·藝文志》曰：「至元始中，徵天下通小學者以百數，各令記字於庭中，楊雄取其有用者以作《訓纂篇》，順序《倉頡》，又易《倉頡》中重復之字，凡八十九章。」按漢時合《倉頡》《爰歷》《博學》三篇，以六十字為一章，凡五十五章，並為《倉頡篇》，共三千三百字。楊雄所作《訓纂篇》，凡三十四章，二千四十字，兩者相合共八十九章，五千三百四十字。

凡《倉頡》以下十四篇，凡五千三百四十字〔一〕，羣書所載，略存之矣。

及亡新居攝〔二〕，使大司空甄豐〔三〕等校文書之部。

〔一〕《段註》：「謂自《倉頡》至於《訓纂》共十有四篇，篇之都數也；五千三百四十字，字之總數也。……本祇有《倉頡》《爰歷》《博學》《凡將》《急就》《元尚》《訓纂》七目，又析之為十四，其詳不可聞矣。梁庾元威云：『倉頡五十五章為上卷；楊雄作《訓纂》，記滂喜為中卷；貫升郎更續，記彥均為下卷。人稱為三倉。』按八十九章，五千三百四十字，又增三十四章，二千四十字，凡七千三百四十字。」

〔二〕亡新：公元八年王莽建立新朝（公元八年至公元二十三年）居攝，因皇帝年幼不能親自理政，由大臣代居其位處理政務。

〔三〕大司空：官名。甄豐（？—公元十年），漢末新朝重臣，曾助王莽奪權，後因驕滿觸怒王莽而自殺。

自以為應制作，頗改定古文〔四〕。時有六書〔五〕：一曰古文，孔子壁中書也；二曰奇字〔六〕，即古文而異者也；三曰篆書，即小篆，秦始皇帝使下杜人程邈所作也〔七〕；四曰佐書〔八〕，即秦隸書；五曰

〔四〕制：皇帝之命。《史記·秦始皇本紀》：「命為制，令為詔。」頗：稍微，間或。

〔五〕六書：《段註》：「莽之六書即秦八體而損其二也。」

〔六〕奇字：即古文之異體。《段註》：「不言大篆者，大篆即包括古文奇字二者中矣。」

〔七〕秦始皇句：《段註》：「按此十三字當在下文『左書即隸書之下』……下杜人程邈為衙獄吏，得罪幽繫雲陽，增減大篆體，去其繁複，始皇善之，出為御史，名書曰隸書。」

〔八〕佐書：《段註》：「謂其法便捷，可以佐助篆所不逮。」

繆篆，所以摹印也〔一〕；六曰鳥蟲書，所以書幡信也〔二〕。

壁中書者，魯恭王壞孔子宅而得《禮記》《尚書》《春秋》《論語》《孝經》。〔三〕又北平侯張蒼獻《春秋左氏傳》〔四〕，郡國亦往往於山川得鼎彝，

〔一〕繆篆：繆是綢繆，因其形屈曲纏繞故名。摹印：《段註》：「摹，規也。規度印之大小、字之多少而刻之。」

〔二〕鳥蟲書：即上文所言蟲書。幡通旛。幡信：旗幟與符節。

〔三〕壁中書：劉歆《移書讓太常博士》曰：「魯恭王壞孔子宅，欲以為宮，得古文於壞壁中。《逸禮》三十有九，《書》十六篇。」《藝文志》曰：「魯恭王壞孔子宅，欲以廣其宮，得古文《尚書》及《禮記》《論語》《孝經》凡數十篇。」魯恭王：漢景帝之子劉餘（？—公元前一二八年）之謚號。

〔四〕張蒼（？—公元前一五二年），陽武（今河南陽原）人。秦時柱下御史，歸漢後封為北平侯，任丞相。

其銘即前代之古文〔五〕，皆自相似。雖叵復見遠流，其詳可得略說也。〔六〕

而世人大共非訾〔七〕，以為好奇者也，故詭更正文〔八〕，鄉壁虛造不可知之書〔九〕，變亂常行以燿於世。諸生競説字解經誼〔一〇〕，稱秦之隸書為倉頡

〔五〕古文：此處指漢代出土之周秦兩代鐘鼎銘文。

〔六〕叵：兼詞，不可。此句意為雖看不到文字最初之面貌，但其詳細淵源流變可大致説明。

〔七〕非：非議。訾：毀謗。

〔八〕故：故意。詭：妄，更改。正文：《段註》：「正文、常行，世人謂秦隸書也。」

〔九〕鄉壁：《段註》：「向孔氏之壁」。王筠《句讀》：「猶面墻也」。不可知：王筠《句讀》：「謂不能即其形似以説其義也。」

〔一〇〕誼：《段註》：「作誼，連上文讀。誼、義，古今字」。王筠《句讀》：「訂作誼，音義同誼，詐妄之意，與下文連讀。」文義亦通。

時書，云：父子相傳，何得改易！乃猥曰〔一〕：馬頭人為長〔二〕，人持十為斗〔三〕，蟲者屈中也〔四〕。廷尉説律，至以字斷法，『苛人受錢』，苛之字止句也〔五〕。若此者甚衆，皆不合孔氏古文，謬於史籀。

〔一〕猥：歪曲。

〔二〕馬頭人為長：啟功曰：「長，甲文作，象人頭上有長髮。漢隸作，上部象馬頭，下部象人字，所以説『馬頭人為長』。」

〔三〕斗：甲文作、，金文作，象斗形。漢隸作，象人持十，易與升字、什字相混。

〔四〕屈中：甲文虫作、，金文作、，象虫形，並不是從中而屈。

〔五〕苛人受錢：《段註》：「『漢令乙』：有所苛人受錢謂有治人之責者而受人錢，故與監臨受財、假借不廉、使者得賂為一類。苛，從艸，可聲。假為呵字，並非從止、句也。而隸書之尤俗者乃訛為止句。説律者曰：此字从止句，句讀同鉤，謂止之而鉤取其錢。」

俗儒啚夫翫其所習，蔽所希聞〔六〕，不見通學，未嘗覩字例之條〔七〕，怪舊埶而善野言〔八〕，以其所知為祕妙，究洞聖人之微恉〔九〕。又見《倉頡篇》中『幼子承詔』，因號古帝之所作也〔一〇〕，其辭有

〔六〕啚：今作鄙。翫：玩弄。蔽：蒙蔽。希：今作稀。

〔七〕字例之條：《段註》：「謂指事、象形、形聲、會意、轉註、假借六書也。」

〔八〕埶：今藝字，指文章典籍。野言：無根據之説法。

〔九〕究：窮盡。洞：通達。微：深刻、精妙。恉：同旨，意旨。

〔一〇〕幼子承詔：王筠《句讀》：「幼子承詔，蓋《倉頡篇》中之一句。幼子蓋指學僮，承詔蓋謂承師之教告。俗儒不知是篇為李斯作，因後世謂君命曰詔，遂謂是篇為古帝作。」

神僊之術焉。其迷誤不諭，豈不悖哉〔一〕！《書》曰：「予欲觀古人之象〔二〕。」言必遵修舊文而不穿鑿〔三〕。孔子曰：「吾猶及史之闕文，今亡也夫。〔四〕」蓋非其不知而不問，人用己私，是

〔一〕迷：迷惑。誤：荒謬。諭：通曉，明白。悖：惑亂、糊塗。

〔二〕此句出自《尚書·皋陶謨》。古人之象：《段註》：「即倉頡古文是也。像形、像事、像意、像聲，無非像也。」象即字象。

〔三〕修者，遵也。此句意為按照古代文字之傳統進行研究而不穿鑿附會。

〔四〕吾猶及句：《論語·衛靈公第十五》：「吾猶史之闕文，有馬者，借人乘之，今亡矣夫。」及：到，接觸到。闕通缺，亡同無。

非無正，巧說衺辭，使天下學者疑。〔五〕

蓋文字者，經藝之本〔六〕，王政之始，前人所以垂後，後人所以識古。故曰「本立而道生」〔七〕，「知天下之至嘖而不可亂也〔八〕」。

〔五〕蓋非其句。非：非議、批評。衺：《段註》：「衺，也。今字作邪。」《漢書·藝文志》：「古制書必同文，不知則闕，問諸故老，至於衰世，是非無正，人用其私，故孔子曰：『吾猶及史之闕文也，今亡矣夫。』蓋傷其寖不正。」

〔六〕藝：《段註》：「古當祇作埶，埶，種也。六經為人所治，如種植於其中，故曰六藝。」

〔七〕本立句：《論語·學而篇》曰：「君子務本，本立而道生。」何晏說：「基立而後可大成。」邢昺疏：「基本既立而後道德生焉。」

〔八〕知天下句：引自《易·繫辭》：「言天下至嘖而不可惡也，言天下至動而不可亂也。」嘖通賾，深遠。

今叙篆文，合以古籀，博采通人，〔一〕至於小大，信而有證。〔二〕稽譔其説〔三〕，將以理羣類〔四〕，

〔一〕通人：或曰孔子。王筠《句讀》曰：「其楚莊王、韓非、司馬相如、淮南王、董仲舒、京房、劉歆、楊雄、爰禮、尹彤、逯安、王育、張林、莊都、歐陽喬、黃顥、譚長、周成、官溥、張轍、甯嚴、桑欽、杜林、衛宏、徐巡、班固、傅毅，凡二十七人之説。惟賈逵師也，偁侍中而不名。」

〔二〕至於：連詞，表示另提一事或另一情況。小大：大大小小方面。證與徵同義。

〔三〕稽：稽考。譔：小徐本作撰，意為詮釋。王筠《句讀》：「具也，必其説乃稽考而僎具也。」稽：稽留而考之，具通人之説。

〔四〕羣類：《段註》：「羣類謂如許沖所云『天地、鬼神、山川草木、鳥獸、蚰、襍物、奇怪、王制、禮儀、世間人事，靡不畢載。』皆以文字之説，説其條理也。」

解謬誤〔五〕，曉學者，達神恉〔六〕。分別部居，不相雜廁〔七〕。萬物咸覩〔八〕，靡不兼載。厥誼不昭〔九〕，爰明以諭。其偁〔一〇〕《易》孟氏〔一一〕，《書》

〔五〕解謬誤：王筠《句讀》曰：「破除俗儒鄙夫之説。」

〔六〕曉者明也。達者通也。恉同旨，神恉，奧妙之所在，此處指六書之義。

〔七〕部：部類。廁：《段註》：「廁猶置也。分別部居，不相襍廁，謂分別為五百四十部也。」史游《急就篇》：「分別部居，不相襍廁。」居：處也。廁：次也。分別部類排列，不使襍亂。

〔八〕萬物句。《段註》：「史游之書，以物類為經，而字緯之。許君之書，以字部首為經，而物類緯之也。」

〔九〕厥：其。誼同義，兼字義、字形、字音而言。昭：明也。爰：於是。明：闡明。諭：告也。

〔一〇〕偁：舉，猶今言徵引。

〔一一〕孟氏：即孟喜，漢東海郡蘭陵縣人，作《易章句》。

孔氏〔一〕，《詩》毛氏〔二〕，《禮》〔三〕，《周官》〔四〕，《春秋》左氏〔五〕，《論語》，《孝經》〔六〕，皆古文也〔七〕。

〔一〕孔氏：即孔安國，孔子後裔，作《古文尚書傳》。

〔二〕毛氏：即毛亨，作《詩詁訓傳》。王筠《句讀》：「毛公為子夏四傳弟子，大毛公亨，河間人，授趙人小毛公萇，萇為河間獻王博士。」

〔三〕禮：《段註》：「古謂之禮，唐以後謂之《儀禮》，不言《記》者，言《禮》以該《記》也。」

〔四〕《周官》：《周官經》即今《周禮》。

〔五〕《春秋左氏》：王筠《句讀》「許引左氏，直謂之《春秋傳》，至於《春秋公羊》《春秋國語》，皆有區别矣。故所引《春秋》亦謂之《春秋傳》，蓋謂不用《公》《穀》經文也。」

〔六〕《孝經》：桂馥《義證》：「孝昭帝時，魯國三老所獻，建武時給事議郎衛宏所校。」

〔七〕古文：《段註》：「言古文以該大篆也，古書之言古文者有二。一謂壁中經籍；一謂倉頡所製文字。」

其於所不知，蓋闕如也。〔八〕

（叙曰：〔九〕）此十四篇〔一〇〕，五百四十部。九千三百五十三文，重一千一百六十三，解説凡十三萬三千四百四十一字。〔一一〕其建首也，

〔八〕其於句。見《論語·子路篇》：「君子於其所不知，蓋闕如也。」《段註》：「許全書中多箸闕字，有形音義全闕者，有三者中闕其二、闕其一者。」

〔九〕叙曰：《段註》認為應至卷二九全序開頭。

〔一〇〕十四篇。《段註》：「許不云十五卷也。慎子沖乃合十四篇及叙，偁十五卷以獻。」《後漢書·儒林傳》：「初，慎以五經傳説臧否不同，於是撰為《五經異義》，又作《説文解字》十四篇，皆傳於世。」

〔一一〕據清胡秉虔《説文管見》統計，今傳大徐本《説文》正篆九千四百三十一字，重文一千二百七十九字，皆有增益。説解止十二萬二千六百九十九字，少於慎述。正篆增多當系後人隨意增補而致。説解減少為傳抄脱奪，歷代妄删之故。

立一為耑。〔一〕方以類聚，物以羣分。〔二〕同牽條屬，共理相貫。〔三〕雜而不越，據形系聯。〔四〕引而申之，〔五〕以究萬原。畢終於亥，知化窮冥。〔六〕

于時大漢，聖德熙明〔七〕。承天稽唐〔八〕，敷崇殷

〔一〕建首：王筠《句讀》：「建立也，謂立五百四十字為首也。耑：開端。與下文『畢終於亥』相呼應，謂建首始一終亥也。」

〔二〕方以句：《易·繫辭上》：「方以類聚，物以羣分，吉凶生矣。」類聚、羣分當指以字之本義為根據安排全書結構，類聚、羣分為互文，含義相同、包括：一、五百四十部首排列多以類相聚。二、每個字按義符歸部。三、每一部首屬字亦按詞義相近為次。《段註》：「類聚謂同部也，羣分謂異部也。」王筠《句讀》：「類聚謂以意相次也，羣分謂以形相次。」

〔三〕同牽句。大徐本作「同牽條屬。」小徐本作「同條牽屬。」以句子結構言，小徐是。王筠《句讀》：「字既同義，則如因本生枝，由枝生葉，自然條理相連貫矣。」

〔四〕雜而不越。出自《易·繫辭下》：「其稱名也，雜而不越。」雜：指各種顏色相互配合，此處指部次、字次。

〔五〕引而申之：《段註》：「謂由一形引之，至五百四十形也。」

〔六〕畢終：同義連用。徐鍇《繫傳》曰：「亥生子，終則復始。故託始於一，寄終於亥。亥則物之該盡，故曰窮冥也。」《段註》：「畢，猶竟也。」《易·繫辭下》：「窮神知化，德之盛也。」桂馥《義證》曰：「冥與耑、分、貫、申，原為韻。」

〔七〕于時句。于：語氣詞。熙：光明。熙明出自《詩》：「學有緝熙於光明。」

〔八〕承天：王筠《句讀》：「承天者，奉天承運業。稽唐：即稽古同天之義，謂漢以堯為祖也。」

中〔一〕，遐邇被澤，渥衍沛滂〔二〕。廣業甄微，學士知方〔三〕，探嘖索隱，厥誼可傳。〔四〕

〔一〕敷崇句。王筠《句讀》：「敷，布也。崇，高也。殷中：即以殷仲春、殷仲秋，舉春秋以該冬夏也。堯以若天授時為首政。敷崇、殷中，既稽唐之實也。此言漢和帝敬天勤民。」

〔二〕渥衍：浩大之水潮。渥：厚。《段註》：「衍，如水潮之盛溢也。」沛滂：壯闊之川流。《段註》：「水之大至如艸木之盛。」滂：大水湧流。

〔三〕廣業：王筠《句讀》：「光武帝立五經十四博士，初建三雍，是謂廣業。肅宗大會諸儒於白虎殿，考詳同異，是謂甄微，唱之自上，故人知所向方也。」廣：擴大。甄：培養、造就。

〔四〕探嘖句：嘖，同賾，深奧、玄妙。隱：精微深奧。厥誼：王筠《句讀》：「誼，古義字。謂文字之義當及此時傳之也。」

粵在永元，困頓之年〔五〕，孟陬之月，朔日甲申〔六〕。曾曾小子，祖自炎神〔七〕。縉雲相黃，共

〔五〕粵在句。粵：通「曰」，句首語氣詞。永元：漢和帝年號。困頓之年，即漢和帝永元十二年，歲在庚子。《釋天》曰：「太歲在子曰困頓。」

〔六〕孟陬：同義複合。孟：四時之首月。陬：正月為陬。朔：陰曆每月初一。甲申：六十甲子之一，這裏用以記日。

〔七〕曾：曾孫。王筠《句讀》：「曾，益也。孫系於子，曾益於孫。《詩》凡對祖而言者，無論遠近，概曰曾孫。曾曾者，許君之創詞也。」炎神：炎帝神農氏。《段註》：「居姜水，因以為姓。」

承高辛〔一〕，太岳佐夏〔二〕。呂叔作藩〔三〕，俾侯于許〔四〕，世祚遺靈〔五〕。自彼徂召〔六〕，宅此汝瀕〔七〕。

〔一〕縉雲。《段註》引賈逵《左氏解詁》：「縉雲氏，姜姓也。炎帝之苗裔，當皇帝時任縉雲之官也。」共承高辛：《段註》：「共音恭，謂共工也。共工，炎帝之後，姜姓也。顓頊氏衰，共工侵陵諸侯，與高辛氏爭王也。承者，奉也，受也。」桂馥《義證》：「帝嚳代顓頊氏，其號高辛。」王筠《句讀》：「許君云承者，諱其爭王之言，言當高辛時為諸侯也。」

〔二〕太岳：《段註》：「共之從孫四嶽佐伯禹，《左傳》言大岳，亦曰四岳，皆謂一人，非謂四人。」王筠《句讀》：「太岳，神農之後。」

〔三〕呂叔句：《段註》：「大嶽，姜姓，為禹心呂之臣。故封呂侯，取其地名與心呂義合也。呂侯歷夏殷之季而國微，故周武王封文叔於許，以為周藩屏。呂叔謂文叔也。文叔者出於呂，故謂之呂叔。」藩：藩屏，屏障。

〔四〕俾：使。許：周國名，故址在今河南省許昌縣。

〔五〕世祚句。《段註》：「黃帝時有縉雲氏，高辛時有共工，夏禹時有大岳，周時有呂叔也。此之謂世祿。」靈：《段註》：「靈之言令也。令，善也。」

〔六〕自彼句。《段註》：「謂自許往遷汝南召陵縣也。漢時召陵有萬歲里，許氏所居也。」召陵縣故城在今河南省郾城縣東三十五里。《左傳·成公十五年》：『許靈公畏偪於鄭，遷於楚。』」即指遷往召陵。徂：往。

〔七〕宅此汝瀕：《段註》：「瀕，厓也。宅，居也。居此汝水之厓。蓋自文叔以下廿四世，當戰國初、楚滅之後有遷召陵者，為許君之先。」

竊印景行〔一〕，敢涉聖門〔二〕。其弘如何，節彼南山〔三〕。欲罷不能。既竭愚才〔四〕。惜道之味，聞疑載疑〔五〕。演贊其志〔六〕，次列微辭〔七〕。知此者

〔一〕竊：謙敬副詞。卬景行：《詩·小雅·車舝》：「高山仰止，景行行止。」此又隱括二句而不偁之。景行：大道也。止：語末助詞。

〔二〕聖門：《段註》：「謂凡造六藝之五帝、三王、周公、孔子、左氏及倉頡、史籀之門庭也。」

〔三〕節彼南山：見《詩·小雅·節南山》：「節彼南山，維石巖巖。赫赫師尹，民具爾瞻。」節：高峻貌。南山：《段註》：「言大道聖門之大比於南山之高峻也。」

〔四〕既竭：同義復合。既：完、盡。

〔五〕聞疑句：《段註》：「聞疑而載之于書，以俟後世賢人君子。」

〔六〕演贊句：《段註》：「演，長流也。故凡推廣之曰演。志者，識也。古志、識同字。」贊：告，指說明。

〔七〕次列微辭。桂馥《義證》：「謂先徵舊訓，後綴己說。」微辭：謙稱己說。

稀，儻昭所尤〔八〕。庶有達者，理而董之〔九〕。

〔八〕儻：或許。尤：過錯。《段註》：「言此道既尟知者，稽譔此書，雖以自信，容或明昭過誤之處，莫為諟正乎？」

〔九〕庶：希望。達者：通人，精通文字學之學者。理：治。董：正。

《説文解字》部首篆書異形考

翟愛玲　吴曉明

《説文解字》為東漢學者許慎所撰，大約成書於漢和帝建光元年（公元一二一年），是中國現存最早，規模最大、内容最豐富，體例最完備的字書。《説文解字》成書之後至今，一直是學者治經研史的必讀書，由於《説文解字》的字頭采用小篆，正文又收入先秦時期的「古文」和「籀文」，為篆書書寫提供了標準字形，歷來是篆書書寫的準則，在中國書法史的演化中影響深遠。

《説文解字》最重要的特點之一是用五百四十個部首將九千多個漢字作了系統的整理，「分别部居，不相雜廁」，開創了中國漢字部首分類的先河，所以從説文部首入手學習文字學和傳習篆書逐漸成為漢魏之後學者的共識。《説文解字》字頭及部首篆書字法的主要來源為秦統一之後的篆書，即《倉頡篇》《爰歷篇》和《博學篇》，當然亦受到秦文隸變和東漢時期古文之學的影響，因此其字法並非單純的秦小篆。

唐代李陽冰已經認識到《説文》字頭包括部首的篆

書字法的複雜性，基於秦小篆乃小篆源頭的認識，李陽冰試圖用傳世秦小篆的材料校改《説文》字頭及部首的篆書字法並進行了實踐，形成了李陽冰校改本《説文解字》。〔一〕

這一做法遭到了北宋初年學者的嚴厲批評，認為有擅改經書之嫌，因此徐鉉、徐鍇兄弟兩人致力於《説文解字》的整理和校訂，以恢復《説文解字》原貌為宗旨，最終形成了大徐本《説文解字》和小徐本《説文解字繫傳》。其中大徐本《説文解字》基本按説文原貌呈現，前有《説文解字標目》，分為十四部分，每個部首輔以反切注音，中間為正文，亦包含了五百四十部首的全部篆書字形，後又有五百四十部首，每部首加以編號順序。大小徐本《説文解字》均得以雕版印刷的形式廣泛傳播，並有便於檢索的《説文解字韻譜》及《説文解字五韻譜》輔助流通，因之李陽冰傳本遂逐漸湮没。〔二〕

與此同時，關於説文部首偏旁的研究亦開始出現，目前所見最早單獨成篇的説文解字部首著述為僧夢英的《篆書目録偏旁字源碑》，夢英書法傳承自李陽冰，亦有自己的特點，代表了北宋篆書的水準，但從字法和風格的典範性方面來看，非篆書史上第一流的作品，所以盡管被刻碑並進入西安碑林，終

〔一〕趙錚指出民國期間上海碧梧山莊石印本《篆文大觀》為書賈拼湊《説文解字篆韻譜》和大徐本説文部首而成，書中所謂李陽冰所傳寫的説文部首當不可信。見趙錚：《〈篆文大觀〉系偽託之作》，《語文研究》二〇〇五年第一期，第四〇—四二頁。

〔二〕〔宋〕徐鍇纂：《説文解字篆韻譜》，明李顯刻本，有民國期間《叢書集成》初編影印本。〔宋〕李燾、賈端修纂：《説文解字五韻譜》，明嘉靖十一年孫甫刻本。

不能為百代楷模。〔一〕

元明時期説文之學雖代有傳人，然終未有超邁前人之處。清代樸學大盛，説文之學也由此興盛，至清代晚期，説文部首研究和傳抄蔚然成風，出現了楊沂孫、胡澍、吴大澂、王福厂等四家的《説文部首》書法，影響波及當代。

然從實際存世的宋刻元修本、孫星衍校勘本，陳昌治重排本來觀察，大徐本《説文解字》内中所收三部分部首篆書，不僅各本之間有異形，同一書中前、中、後之間亦有異形，並偶有錯訛之字形，顯示了《説文解字》流傳過程中篆書字法傳承的複雜性。晚清以來的四家説文部首傳抄中篆書字法亦各有傳承，在字法變化中又加入了新發現的古文字材料，顯示了篆書字法演化的規律。

而作為《説文解字》部首篆書的研究，字形的考訂仍然是首要解決的問題，前賢雖有衆多關於説文字頭篆書字法異形的研究〔二〕，然《説文部首》篆書字法異形問題仍未完全釐清。本文以宋刻元修汪中藏本、宋刻元修王昶藏本、孫星衍校勘宋本、陳昌

〔一〕關於《説文偏旁字源》的資料，可以參看何山：《〈説文偏旁字源〉研究》，《辭書研究》二〇一六年第四期，第七七—八四頁。趙力光主編：《篆書目録偏旁字源碑》，上海古籍出版社二〇一二年第一版。

〔二〕可參看董婧宸：《孫星衍平津館仿宋刊本〈説文解字考論〉》，《勵耘語言學刊》二〇一八年第一期。該文述段玉裁、孫星衍、嚴可均、顧廣圻校勘《説文解字》篆書字形甚詳。關於《説文解字》篆書異形的研究，當代學者周祖謨及其弟子王貴元亦有頗多成果，可參看周祖謨：《問學集》，中華書局一九六六年第一版；王貴元：《〈説文解字〉校箋》，學林出版社二〇〇二年第一版。

治重排本為傳刻說文部首的典型〔一〕，以楊沂孫、胡澍、吳大澂、王福厂四種墨跡為傳抄說文部首的典型〔二〕，就其間的十二組典型篆書異形略作考訂如下〔三〕：

〔一〕本文所選大徐本《說文解字》四種分別為：（一）汪中所藏宋小字本，本文簡稱「汪本」，現為中國國家圖書館所藏，影印本有中華再造善本和國學基本典籍叢刊本；（二）青浦王昶所藏宋小字本，本文簡稱「王本」，現藏日本静嘉堂文庫，影印本有《續古逸叢書》本和《四部叢刊》本；（三）嘉慶十四年（一八〇九年）孫星衍重刊宋本，本文簡稱「孫本」，有《平津館叢書》本，影印本有《叢書集成》本；（四）同治十二年（一八七三年）陳昌治刻一篆一行本，本文簡稱「陳本」，有中華書局影印本；

〔二〕本文所選晚清以來傳寫《說文解字》墨跡本四種，其中楊沂孫所書簡稱「楊本」、胡澍所書簡稱「胡本」、吳大澂所書簡稱「吳本」、王福厂所書簡稱「福本」，楊本、吳本、福本均有民國間影印本，胡本有刻本存世。另有閆興潘編：《篆書說文解字部首四種》，浙江人民美術出版社二〇一四年六月第一版，收入以上四種說文部首抄本。

〔三〕為節省篇幅，考訂中所引用字形的文獻出處一律用簡稱，並省略版本信息：如《殷周金文集成》簡稱《集成》，《甲骨文合集》簡稱《合》，《睡虎地秦簡》簡稱《睡》，《十鐘山房印舉》簡稱《印舉》，《繆篆分韻》簡稱《分韻》，《郭店楚簡》簡稱《郭》，《曾侯乙墓》簡稱《曾》，《包山楚簡》簡稱《包》，《漢印文字徵》簡稱《漢印征》，部分書籍還標有出土文獻或字表的編號。另：「前目」指大徐本說文中前部所收部首目録，「內文」指大徐本說文正文字頭，「後目」指大徐本說文後部所收說文部首目録。

一、《説文解字》部首第二下之「行」字

汪本、王本、孫本、陳本、胡本均作「」，楊本、吳本、福本有異形作「」。考「行」字，商代甲骨文作「」形（後二・二・一二合四九〇三賓組），西周文字作「」形（西周晚期虢季子白盤銘文，《集成》一〇一七三），戰國時期有作「」形者（戰國早期冉鉦鉞銘文，《集成》四二八），戰國時期楚簡有作「」形者（包簽），傳抄古文有作「」形者（汗一・一〇），戰國時期秦文字均作「」形（睡・秦二）。可見，《説文》刻本字法「」來源於春秋戰國時期六國文字，取古文而立，可目為正體，「」為商、西周時期及東周時期秦文字的字法，可以作為異體來看待。由此，説文中與行走有關的偏旁，如「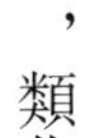」，類化為「」，「」類化為「」，均有古、籀兩種寫法，從古文者為正體，從籀文者為異體。

二、《説文解字》部首第三上之「言」字

汪本、王本、孫本、陳本前目、後目均作「」，內文字頭作「」，楊本、胡本、吳本、福本均作「」。

考「言」字，商代文字有作「」形者（甲四九九合三〇六九七），西周文字有作「」形者（西周早期伯矩鼎銘文，《集成》二四五六），戰國楚簡有作「」形者（郭・緇・四五），戰國時期秦文字有作「」形者（睡・秦一）、亦有作「」形者（睡・語一一），秦統一後文字有作「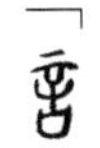」形者（泰山石刻）。可見「」為古形，「」形為戰國時期隸變而化成，加之傳本泰山石刻字形亦作「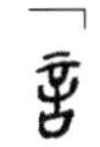」形，因此，説文部首正字當以「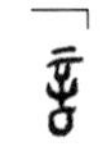」形為是，「」則可定為異體。在説文部首中，另有「詁」「音」二字與此情形類似，其正體也應以「」「」為是，各傳本文字可依此校正。

三、《説文解字》部首第三下之「甍」字

汪本、王本、孫本、陳本均作「甍」，從瓦，説文籀文作「甍」，亦從瓦，楊本、胡本、吴本、福本均作「甍」，《説文》：「柔韋也。從北，從皮省，從夐省。凡甍之屬皆從甍。讀若耎。一曰若雋。臣鉉等曰。從北者，反復柔治之也。」〔一〕據字形傳承，應從「皮」省為是，段注：「謂反也。非耳、非瓦。今隸下皆作瓦矣。古文甍作『甍』，從皮省，從人治之。籀文甍作『甍』，從『夐』省。下從皮省。上從『夐』省。」〔二〕

此字當從清代學者考據之成果改為「甍」，校改原則以《説文》原本解釋為依據，符合以經釋經的原則。

〔一〕[漢]許慎撰、[宋]徐鉉校訂：《注音版説文解字》，中華書局二〇一五年六月第一版，第六一——六二頁。

〔二〕[漢]許慎撰、[清]段玉裁注、許惟賢整理：《説文解字注》，鳳凰出版社二〇〇七年十二月第一版，第二一七頁。

四、《説文解字》部首第四下之「耒」字

此字孫本作「耒」，陳本相承，汪本、王本前目有異形作「耒」。考「耒」字，商代晚期金文耒父乙爵作「耒」，傳抄古文作「耒」，乃説文部首「耒」形所本，而説文部首「耒」未見於先秦文字。在秦文字中耤可作「耤」（雲夢秦簡），在漢印章中文字中，耤字可作「耤」（《印舉》），耒字在漢北海相景君碑中作「耒」。可見在隸變影響下，「耒」字可省為「耒」，因此，可以將「耒」看成「耒」之異體。

五、《説文解字》部首第四上之「皕」字

「皕」字，汪本、王本、孫本之前目、後目均作「百」，内文字頭作「皕」形，陳本前目、後目、内文均作

「𦣻」形，並在說文校字記中曰：「𦣻」誤作「百」。〔一〕考：《說文》：「二百也。凡𦣻之屬皆從𦣻。讀若秘。」〔二〕字之形意解釋均確，汪本、王本當為傳抄所誤，陳本校改恰當。楊本、胡本、吳本皆書為「𦣻」，無誤，福本仍作「百」形，不確，當據陳本改。

六、《說文解字》部首第五上之「乃」字

「乃」字，汪本、王本、孫本、陳本之前目、後目均作「乃」，內文字頭作「乃」，楊本、吳本作「乃」，胡本作「乃」，福本作「乃」。考「乃」字，商代文字作「乃」（菁三・一合

〔一〕〔漢〕許慎撰、〔宋〕徐鉉校訂：《注音版說文解字》，中華書局二〇一五年六月第一版，第三二五頁。

〔二〕〔漢〕許慎撰、〔宋〕徐鉉校訂：《注音版說文解字》，中華書局二〇一五年六月第一版，第六九頁。

一〇四〇五賓組），西周文字作「乃」（西周中期師西簋銘文，《集成》四二八八），戰國時期楚文字作「乃」（郭・唐・九），戰國時期秦簡作「乃」（睡・法二七），亦有作「乃」（睡・秦八八），說文古文作「乃」，籀文作「乃」，漢漢印有作「乃」者（臣乃始印，《分韻》），漢代隸書均作「乃」形（東漢《鄭固碑》），可見「乃」形為受隸變影響而成。

又《說文解字》第十五下徐鉉所記：「乃」本作「乃」，左旁不當引筆下垂，蓋前作筆勢如此，後代因而不改。〔三〕

綜合以上所述，「乃」之部首正體當作「乃」，「乃」形可看作異體字。

〔三〕〔漢〕許慎撰、〔宋〕徐鉉校訂：《注音版說文解字》，中華書局二〇一五年六月第一版，第九五頁。

七、《說文解字》部首第五上之「鼓」字

此字汪本、王本前目作「鼓」，內文字頭作「鼓」形，後目作「鼓」形，孫本、陳本前目作「鼓」、內文作「鼓」。而傳抄之楊本、胡本、吳本均作「鼓」形，福本作「鼓」，傳抄之異形本自《說文》刻本。

考「鼓」字，商代文字有作「鼓」（甲一一六四甲）形者，西周文字有作「鼓」（西周中期《瘋鐘》銘文，《集成》二四八）形者，春秋戰國文字有作「鼓」形者（春秋晚期沇兒鎛銘文，《集成》二〇三），說文籀文作「鼓」，傳抄古文有作「鼓」形者。又，說文部首「壴」字，汪本、王本前目、內文均作「壴」，本自商代西周文字。可見，「鼓」字說文部首正體當定為「鼓」，其餘各形當為受春秋戰國文字字形影響所變異而成，均可視為異體。

八、《說文解字》第五下之「高」字

此字汪本、王本、孫本、陳本均作「高」形，楊本、吳本作「高」形，胡本、福本作「高」形。

考「高」字，商代文字或作「高」形（甲五五一合三三一三八）、或作「高」形（甲五八五合三〇四六五）；西周文字或作「高」形（西周晚期《駒父盨》蓋銘文，《集成》四四六四）、或作「高」形（西周晚期《叔高父匜》銘文，《集成》一〇二三九）；春秋時期秦文字作「高」形（春秋中期《秦公簋》銘文，《集成》四三一五），春秋時期亦有作「高」形者（春秋《高密戈》銘文，《集成》一一〇二三）；戰國時期楚文字或作「高」形（曾一七〇），或作「高」形（郭·老甲·一六）；戰國時期秦文字或作「高」形（睡·秦五一），或作「高」形（睡·秦一九五）。可見，從商代晚期開始，「高」和「高」兩形一直並行演化，《說文》宋本均作「高」形，《說文篆韻譜》亦作「高」形，可見「高」形傳承有自，當作正字，「高」形可作為異體。

另：𩫖、亯、㫗、畗等部首字與高字情況相似，

其小篆正字分別作「□」「□」「□」「□」「□」，則其異體分別可寫作「□」「□」「□」「□」。

九、《說文解字》部首第八下之「兒」字

「兒」字，為「人」之異體，《說文》「仁人也。古文奇字人也。象形。孔子曰：『在人下，故詰屈。』凡兒之屬皆從兒。」〔一〕此字始見於篆文。徐灝認為：「其形既像人形，斷無支解其體之理，應是儿字的異構」。〔二〕據此，其左像手臂，右像彎曲的身子、右腳，據具體的實象造字。在六書中屬於象形。戴侗認為：「□、□非二字，特因所合而稍變其勢。合於左者，若伯若仲，則不變其本文而為儿；合於下者，若兒若見，則微變其本文而為□形。」〔三〕

汪本、王本、孫本均作「□」，陳本前目、內文作「□」，後目作「□」，楊本、吳本、福本作「□」，胡本作「□」。考「人」字，商代文字有作「□」（甲七九二合二七〇一八）形者，亦有作「□」（鐵一九一·一合一〇八六九）形者。西周文字有作「□」（西周晚期散氏盤銘文，《集成》一〇一七六）形者，亦有作「□」形者（西周晚期《虢叔盨銘》文，《集成》四三八九）。春秋戰國文字有作「□」形者（包二·八四），亦有作「□」形者（包二·一六八），傳抄古文有作「□」形者（海一·一三），有作「□」形者（汗三·四一），亦有作「□」形者（隸），三形兼備。

《說文》成書之時，正逢古文經學大盛，因此多有

〔一〕〔漢〕許慎撰、〔宋〕徐鉉校訂：《注音版說文解字》，中華書局二〇一五年六月第一版，第一七四頁。

〔二〕〔清〕徐灝：《說文解字註箋》卷八下，民國初年京師補刊本，第一六頁。

〔三〕〔宋〕戴侗著，黨懷興、劉斌校：《六書故》，中華書局二〇一五年六月第一版，第一二六頁。

取古文之異體字為字頭者，《説文》特立「兒」字部即是一例。由此部之立，使一組有「兒」形在其中的字，其「兒」形部分皆得類化，如「兄」「先」「兒」「」「先」「禿」「見」「覞」「欠」「飲」「次」「旡」「頁」「須」等字的下半部分均得從「」，而説文抄本中從「」形者，皆可作為異體字看待。

十、《説文解字》部首第十下之「亢」字

此字説文汪本、王本、孫本、陳本前目、後目均作「」或「」，可視為同一形體，内文字頭均作「」。而傳抄之楊本、吴本、福本均作「」形，胡本作「」形，各有所本。考「亢」字，商代文字或作「」形（佚九五四合二〇三一八組），或作「」形（商代晚期亢爵銘文，《集成》七三三六），西周文字有作「」形者（西周早期《夨令方彝銘》文，《集成》九九〇一），戰國時期秦系文字或作「」形（睡・日乙九七），或作「」形（睡・日乙一二九），傳抄古文「」（汗簡），而在漢印中才出現「」（《漢印徵》）形，東漢隸書才出現「」形（《熹平石經》）。

唐代李陽冰篆書「亢」作「」形，宋代《説文篆韻譜》「亢」作「」形，皆本漢代以後出現的篆隸形體。

又，《説文》所收「迒」「沆」「斻」「魧」「抗」「炕」「伉」「閌」「犺」「邟」等字的「亢」形部分，汪本、王本、孫本、陳本皆作「」。可見，「亢」字作「」形乃受隸變影響後晚出之形，其正體當作「」，「」形可定為異體。

十一、《説文解字》部首第十一下「泉」字

此字汪本、王本、孫本前目、後目均作「」，内文作「」，陳本前目、内文作「」，後目作「」，而傳抄之楊本、胡本、吴本、福本則均作「」。

考「泉」字，商代文字或作「□」形（前四・一七・一合二二二八二組），或作「□」形（後二・三・六合八三七三），戰國時期楚簡作「□」形（包二・一四三），戰國時期秦文字作「□」形（商鞅方升），傳抄古文作「□」形，《說文解字篆韻譜》亦作「□」形，所見「泉」之古文字字形均與商代文字一脈相承，均作「□」形。漢代篆書中亦無作「□」形者，目前所見除宋本《說文》外，北宋蘇唐卿《篆書醉翁亭記》中「泉」作「□」。可見，「□」為後起之形體，可以看作「泉」的異體，《說文》部首當以「□」形為正體。

十二、《說文解字》部首第十四下之「厽」字

此字汪本、王本、孫本前目作「□」形，內文與後目作「□」形，陳本前目、內文、後目均作「□」。傳抄楊本、胡本、吴本作「□」形，福本作「□」形，各有所本。

考「厽」字在出土古文字中未見，傳抄古文作「□」形（汗簡）。從「厽」之「絫」字，《說文》汪本、王本、孫本、陳本均作「□」，所從「厽」部，作「□」形，漢印文字亦傳承「□」形，作「□」（馮絫，繆篆分韻），傳抄古文作「□」（三體石經），《說文解字篆韻譜》作「□」，所從「厽」部，作「□」形，顯然受到傳抄古文形體的影響。從「厽」之「壘」字，《說文》作「□」，所從之「厽」亦作「□」形。

《說文》「厽」之釋義為：「絫坺土為牆壁。象形。凡厽之屬皆從厽。」〔二〕，則「□」正為壘土之形。可以認為「厽」字說文部首篆書正字當作「□」形，「□」形可當做異體看待。

以上整理可得《說文解字》部首篆書典型異形考證的結論表，從中可見，《說文》部首篆書異形的形

〔一〕〔漢〕許慎撰、〔宋〕徐鉉校訂：《注音版說文解字》，中華書局二〇一五年六月第一版，第三〇八頁。

成主要有三種情況，一是傳抄訛誤，如「甇」、「皕」之誤，當從善而改之。二是説文傳抄過程中取古今不同字形而形成，目前所見有取籀文者，有取古文者，亦有取漢代篆隸的，可根據其形體演化的規律確定正體與異體。三是説文傳抄過程中加入漢代以後篆書的字法，也有受傳抄古文寫法影響而發生類化的，這部分異體字雖非古形，但亦可擇善而從，使之成為篆書書寫傳統的一部分。

此文原載《中國書法·書學》二〇一九年第五期，第一六六——一六九頁。

《說文解字》部首典型篆書異形考證結論表

隸定字形	擬定《說文》部首篆書正體字	擬定《說文》部首篆書異體字	《說文》部首傳抄錯訛字
行			
言			
𧮫			
耒			
𠧪			
乃			
鼓			
高			
兒			
亢			
泉			
厽			

後記

此書編寫的因緣來源於我十餘年經典誦讀理論研究和教學實踐的啟發，有感於《説文解字》在中國文化傳承中的特殊作用，希望恢復《説文解字》學習在傳統文化傳承中的地位，於是有了編撰《説文解字》部首誦讀本的想法，遂以篆書大字、豎式拼音、楷書釋文、數字標序為特點書寫了《説文解字》部首誦讀稿，字形部分主要參考了國家圖書館藏宋刻元修本《説文解字》及《王福厂書説文部目》，注音部分參考了賈海生的《説文解字音證》。誦讀稿寫成後曾在兒童誦讀經典的實踐中加以應用。二〇一八年應中國國家圖書館的邀請作「《説文解字》與中國文化」的講座，聽衆對學習文字學有很高的熱情，對於《説文》部首誦讀本有强烈的期待。在浙江大學近十年的書法文字學教學實踐中，我也以《説文》部首的背誦和摹寫為基礎教學内容，得到學生們普遍的歡迎。此稿增以《説文解字》與中國文化的論述、漢字演化的簡史、《説文解字》叙言的篆書和註釋、《説文》部首篆書異形的考證，以此輔助《說文》部首的傳習。為了盡可能保存相關信息，本書保留了部分古今字、通假字、異體字。在相關文章的撰寫中，除註解所列之參考論著外，還主要參考了《中國書法史》（七卷本）、姚孝燧《許慎與〈說文解字〉》、陸宗逵《說文解字通論》、季旭昇《說文新證》、湯可敬《說文解字今釋》、李宗焜《唐寫本〈說文解字〉輯存》、董婧宸《大徐本〈說文解字〉的流傳與刊刻》等論著，限於體例，未能一一盡列，在此對前賢時人的學術貢獻表示深深的敬意。

嚴建强、項隆元老師是我就讀本科時的恩師，是他们培養了我的好古之心，而鄭瑾老師的古文字學課程則打開了我探索文字之門，胡小軍老師的陶藝在古今轉換中深深啟發了我的藝術認知。池長慶老師是我本科時的書法老師，是他引領我進入中國書畫的創作和研究領域，多年來對我關愛有加，師恩難忘。蔡達峰老師是我就讀復旦大學時的碩士生導師，恩師雖然工作繁忙，但仍時時勉勵我，蔡師作為園林學界泰斗陳從周先生的弟子，在復旦大學推行通識教育，取得令人矚目的成就，充分發揚了陳先生的人文理想。薛永年先生是我就讀中央美術學院時的博士生導師，先生作為美術史學界的權威學者，以治學嚴謹著稱，我深知遠沒達到先生的期許，故每次見到先生未免誠惶誠恐。我來浙江大學工作後，汪永江老師則時時關心和指導我的研究和創作，感激之情無以言表。

此書編寫的另一大因緣是十年前開始師從曹錦炎先生學習古文字學，當時曹先生正執教於浙江大學，得以時常請益，而今勉力做文字學的普及工作，希望能不愧師恩。曹錦炎先生還在百忙之中審閱了書稿，提出了增加誦讀音頻等建設性意見，並欣然作序，勉勵後學。浙江大學藝術與考古學院院長趙豐教授得知本書封面設計需要用到「五星出東方利中國」絲織品的圖案，慨然應允提供圖像資源，在此深表感謝。

新西湖書院趙品紅、葉康樂、鄭一增、孔祥清、王一峰等諸位同仁長期以來共同從事傳統文化傳承的工作，本書的出版亦是同仁們督促和支持的成果。倏忽已越五年，在師友的勉勵和同仁們的共同努力下成其初稿，其中翟愛玲長期帶領青少年進行誦讀實踐和規劃誦讀本的内容和形式，並為該書做了整體的書籍設計。吴弗居则校對了説文部首的形、音，並用誦讀本初稿在國學誦讀活動中與同齡青少年進行了誦讀和摹寫，取得較好的效果。感謝泰宜學社山長馬琳老師，當她得知此書需要説文部首誦讀的音頻，迅速在學堂教學中高質量完成音頻録製，為此書增色不少。本書能順利出版離不開浙江大學出版社宋旭華老師的鼎力支持，宋老师是一位颇有情怀和担當的出版人，为本書的出版殚精竭慮。書籍的後期排版則要感謝大涵文化的陳鑫老師以及林智公司的老師們為此所付出的辛勞。

臨海中斗宫的真諦師父多年來一直致力於國學的傳播，以籌辦倉頡書院為因緣，募得善款支持此書出版，同時還有馬琳、姜雅君、柳靈芝、仝慧霞、李玉廣、霍盼、林智慧、鄭珺、汪春滬、范正楠、劉建彪、梁慧、梁宏光、楊巖峰、朱慧芳諸師友共同資助了本書的出版，在此深表謝意。造字始祖倉頡像及倉頡書院（籌）的拍攝則要感謝陳寶剛和心源師兄，同時還要感謝長期關心此書出版的鄭友忠、郭凱等老同學。感謝張仃美術館蔡研博館長對本書策劃的支持。

在本書即將出版之際，再次感恩所有關心、支持此書出版的家人和師友們！

甲辰小雪若谷吴曉明記於古良渚安仁居

圖書在版編目（CIP）數據

說文部首誦讀與考釋 / 吴曉明，翟愛玲，吴弗居著.
杭州 : 浙江大學出版社，2024.10. -- ISBN 978-7-308-25501-1

Ⅰ. H161

中國國家版本館CIP數據核字第202485A1K1號

說文解字部首誦讀與考釋

吴曉明　翟愛玲　吴弗居　著

策　　劃　張仃美術館 ZHANGDING MUSEUM
六藝一心（杭州）文化傳播有限公司
責任編輯　宋旭華
責任校對　胡　畔
裝幀設計　翟愛玲　林智廣告
出版發行　浙江大學出版社
（杭州天目山路148號　郵政編碼310007）
（網址：http://www.zjupress.com）
排　　版　杭州林智廣告有限公司
印　　刷　杭州宏雅印刷有限公司
開　　本　787mm×1092mm　1/16
印　　張　15.75
字　　數　200千
版 印 次　2024年10月第1版　2024年10月第1次印刷
書　　號　ISBN 978-7-308-25501-1
定　　價　168.00元